W0408362

FLAG’

DANIEL BOURDON
AVEC ÉLODIE CHERMANN

FLAG'

25 ans et 7 000 interpellations à la Brigade anti-criminalité

Éditions de La Martinière

Ouvrage publié sous la direction de Bertil Scali

ISBN 978-2-7324-4749-0

© 2012, Éditions de La Martinière
Une marque de La Martinière Groupe, Paris, France
Connectez-vous sur :
www.lamartinieregroupe.com
Dépôt légal : mai 2012

Le Code de la propriété intellectuelle interdit les copies ou reproductions destinées à une utilisation collective. Toute représentation ou reproduction intégrale ou partielle faite par quelque procédé que ce soit, sans le consentement de l'auteur ou de ses ayants cause, est illicite et constitue une contrefaçon sanctionnée par les articles L. 335-2 et suivants du Code de la propriété intellectuelle.

À Olivier…

« Un auteur doit être dans son livre comme la police dans une ville : partout et nulle part. »

Les frères Goncourt

Préface

La première fois que j'ai rencontré Daniel Bourdon, j'ai tout de suite été intriguée par le personnage. Un judoka d'un mètre soixante-seize pour quatre-vingt-dix kilos, étonnamment discret et humain, derrière ses airs peu commodes. Un Ch'ti arborant fièrement le matricule de mineur de son père autour du cou. Il ne m'a pas parlé tout de suite de son métier. Méfiance ou pudeur, un peu des deux sans doute. Il savait que j'étais journaliste, et un flic ne se livre jamais de but en blanc à la presse. Pourtant, au fur et à mesure de la discussion, Daniel a baissé la garde. Avec passion, il m'a raconté son premier flag' et les milliers qui suivirent : les arracheurs, les tireurs, les braquos, les roulots... « Les quoi ? » Je découvrais, avec des yeux ahuris, tout le vocabulaire des brigades anti-criminalité, repris dans certains dialogues de film, chez Michel Audiard et d'autres. J'ai trouvé ce jargon si riche et coloré que je lui ai proposé d'en faire un livre, illustré par une ribambelle d'histoires vécues. Des histoires à l'image de son parcours : improbables.

À l'origine, Daniel se destinait en effet à la comptabilité... ou à l'armée. Finalement, le hasard a voulu qu'il devienne flic. Il a passé le concours de gardien de la paix en 1980 pour faire plaisir à ses parents et, sans le faire exprès, il l'a obtenu. Il a hésité, puis il a décidé de tenter le coup. Fonctionnaire de la police nationale, tout de même ! Circulation, réglementation routière, police administrative, sport, défense, intervention de police-secours, etc., à l'École nationale de la police de Paris, sur les hauteurs du plateau de Gravelle, face au champ de course de Vincennes, Daniel a appris toutes les ficelles du métier. Pendant deux ans, il s'est échiné à les mettre en pratique en brigade. Mais passer des journées entières à réguler la circulation ou coller des PV le barbait. Le jeune Nordiste ne voyait que par la « flagrance », l'art de constater des infractions en temps réel et d'arrêter les auteurs la main dans le sac.

À l'époque, on ne faisait pourtant que bien peu de cas de cette technique, jugée beaucoup moins noble que l'investigation. C'est seulement quand la criminalité augmenta très fortement dans les années 1980 qu'on prit conscience de la nécessité de faire de la flagrance une spécialité à part entière, indépendante de la police judiciaire. Ainsi la direction de la sécurité publique décida-t-elle de « déshabiller » du personnel en tenue pour former, à Paris, les premières Brigades anti-criminalité (Bac) civiles, inspirées des « équipes spéciales » de nuit et des groupes de Lutte anti-criminalité (Lac). Daniel s'engouffra aussitôt dans la brèche. Les premiers temps, il dut toutefois manger son pain noir. Les gradés et les officiers de la police judiciaire voyaient d'un mauvais œil qu'on vînt ainsi empiéter sur leurs plates-bandes. La pilule passa d'autant plus mal que les « baqueux », aussi motivés et athlétiques fussent-ils, avaient été lâchés dans la nature sans formation. Ils durent essuyer les plâtres, au prix parfois de quelques dérapages – d'aucuns préféreraient le mot « bavures » –, qui leur valurent longtemps une réputation sulfureuse de cow-boys et de blousons noirs.

Mais les « baqueux » ne sont pas tous des saute-dessus belliqueux, incapables d'appréhender la délinquance autrement que par le spectre de la violence. Daniel Bourdon, qui a chapeauté la Bac jour du VIe arrondissement de Paris pendant sept ans et la Bac nuit pendant quinze ans, en est la preuve. Il a toujours milité pour une police propre, basée sur les valeurs de l'humain, du partage et de la transmission. Une police où les violences illégitimes et le racisme n'ont pas leur place. Une fois n'est pas coutume, c'est cette déontologie-là que nous avons souhaité faire ressortir dans ce livre. De là à ériger Daniel Bourdon au panthéon des « grands flics », il y a un pas que je me suis bien gardée de franchir. Daniel me l'a rappelé maintes et maintes fois : un chef, tout compétent qu'il soit, ne parvient à aucun résultat sans ses hommes. L'efficacité d'une équipe de Bac ne repose pas sur un individu mais sur une somme d'individualités, toutes acquises à la même cause : l'anti-crime.

Chacun des récits qui vont suivre met en exergue cette passion dévorante, génératrice de danger, d'imprévu et de stress. Indispensable pour préparer le corps à l'action, le stress est une réaction normale résultant d'un déséquilibre entre la perception qu'une personne a des contraintes et la perception qu'elle a de ses propres ressources pour y faire face. « Mais contrairement à un individu lambda qui peut choisir de combattre ou de fuir face à un danger, un policier de terrain, lui, n'a pas d'alternative, souligne Annabelle Betizeau, psychologue clinicienne. C'est à lui que revient la charge de régler le problème par son intervention. Dès lors, son cerveau va sécréter l'adrénaline nécessaire pour activer ses organes : son rythme cardiaque s'accélère, ses genoux tremblent, des sueurs apparaissent sur son front. Toute son attention se focalise sur l'objectif. »

La plupart des sujets supportent mal cette tension, jugée trop éprouvante. L'angoisse n'étant jamais très loin du plaisir, les inconditionnels du flagrant délit, comme les amateurs de sports extrêmes, ont, eux, plutôt tendance à la rechercher pour se sentir vivants. Ils l'ont expérimentée une première fois, puis une deuxième, et ils sont devenus dépendants. Comme des toxicomanes accros à leur drogue depuis leur premier shoot. « L'addiction fonctionne comme un feuilleton en trois épisodes, explique le professeur William Loewenstein, spécialiste des addictions. Tout commence par la rencontre d'un individu avec une substance ou une situation. C'est ce qu'on appelle l'usage. Si son cerveau repère des bénéfices, notamment des effets psychotropes de désinhibition, d'euphorie et/ou de détente, il aura ensuite tendance à les garder en mémoire et à répéter les prises ou les comportements pour retrouver les mêmes sensations. Mais, au fil des abus, ses cellules cérébrales vont se modifier et réclamer de consommer à nouveau. Ainsi l'envie se transforme-t-elle *in fine* en besoin. » C'est ce que l'Organisation mondiale de la santé définit comme la dépendance : « un état psychique et parfois physique, résultant de l'interaction entre un organisme vivant et un produit, caractérisé par des réponses comportementales ou autres qui comportent toujours une compulsion à prendre le produit de façon régulière ou périodique pour ressentir ses effets psychiques et parfois éviter l'inconfort de son absence (sevrage) ».

Cette dépendance s'installera plus ou moins rapidement selon les personnalités. Certains policiers nourrissent un goût inné pour les prises de risque. C'est le cas de Daniel Bourdon, qui a très vite mis le doigt dans l'engrenage. Sa première arrestation en flag' lui a procuré une telle décharge d'adrénaline, un tel sentiment de puissance qu'il a tout de suite eu envie de remettre le couvert. « Le problème, c'est que l'organisme a une incroyable capacité à s'adapter, rappelle Annabelle Betizeau. Il faut donc très vite augmenter les doses pour obtenir le même effet. Mais le prix à payer est lourd. Le champ de la vie quotidienne se restreint petit à petit à cette seule et unique quête, et les effets toxiques négatifs s'accumulent : la cirrhose pour l'alcoolique, les dettes pour le flambeur pathologique... » Point de salut alors sans sevrage. « Un chemin de croix pour les policiers de terrain qui sont souvent persuadés de ne jamais pouvoir trouver pareille charge émotionnelle ailleurs que dans le flag', constate ainsi William Loewenstein. Ils ont tellement l'habitude de vivre dans l'hyperactivité qu'en l'absence de stimulation ils ont tout de suite tendance à trouver le monde lent, fade et ennuyeux. « Ceux qui ont fui la capitale pour échapper au stress se sentent parfois tellement déprimés par le manque d'action en province qu'ils finissent par redemander leur affectation dans l'un des points chauds de la région parisienne, confirme Annabelle Betizeau. Cette initiative n'est pas sans rappeler aussi l'investissement excessif des bourreaux de travail – ce que le psychologue hongrois Sandor Ferenczi appelle les *workaholics* – qui vont jusqu'à redouter la vacuité des jours de repos, la névrose du dimanche et la névrose des vacances. »

Pour ne pas sombrer dans la dépression, les amateurs de sensations fortes doivent à tout prix éviter de couper les vannes trop brutalement. « Ne demandez pas à un amateur de flag' de se tourner du jour au lendemain vers la pêche, insiste le professeur Loewenstein. L'essentiel est qu'il arrive à se créer un monde extra-policier avec moins de palpitations aiguës, sans craindre de perdre son identité. » Daniel Bourdon a longtemps cherché son antidote. Je crois qu'il l'a enfin trouvé avec ce premier livre.

Élodie Chermann

Petit lexique du flag'

A

Arracheur : individu circulant à pied, en voiture ou en scooter qui vole un sac à main, un téléphone portable ou tout autre objet de valeur à l'arraché, c'est-à-dire avec violence.

AVP : accident de la circulation sur la voie publique.

B

Balance : personne qui livre à la police des informations mettant en cause un ou plusieurs individus dans une affaire de droit commun, un crime ou un délit, en essayant de négocier une contrepartie.

Bleu (mettre le –) : mettre le gyrophare bleu. Les véhicules prioritaires (douanes, police, gendarmerie, pompiers et Samu) ne sont autorisés à s'en servir qu'en cas d'urgence.

Boîte à cul : boîte d'échangistes.

Bracelets (ou pinces) : menottes.

Braconner : aller chercher une affaire sur un autre arrondissement. Cette pratique n'est pas formellement interdite en flag', mais néanmoins peu appréciée.

Braquo : braqueur, personne qui commet un vol à main armée.

Brème : surnom attribué à la carte de police, du fait qu'elle est aussi plate que le poisson d'eau douce éponyme.

Aussi appelée « carte de réquisition » ou « carte de pêche », elle stipule que « les autorités civiles et militaires sont invitées à laisser passer et circuler librement le titulaire de la présente carte qui est autorisé à requérir l'assistance de la force publique pour les besoins du service ».

C

Cambriolo : cambrioleur, personne qui s'introduit dans un lieu d'habitation par effraction dans le but d'y commettre un vol.

Car-jacking : vol d'une voiture avec violence ou menace à l'encontre du conducteur ou de l'un de ses passagers. La variante du car-jacking est le home-jacking qui consiste pour des malfaiteurs à menacer ou agresser les occupants d'une maison pour se faire remettre les clés et les papiers de leur véhicule.

Chasse : course-poursuite. On parle aujourd'hui de « prise en charge d'un véhicule ».

Chouffer : mot dérivé de l'arabe qui signifie regarder, observer, surveiller. Ce terme est très employé dans les cités, où de jeunes ados, les « chouffs », sont missionnés et rémunérés par les trafiquants pour guetter l'arrivée de la police.

Cogneur : homme violent qui frappe sa compagne.

Collet marseillais : technique très répandue sur la Canne-bière à Marseille (d'où son nom) qui consiste à bloquer une carte de crédit dans un distributeur automatique de billets (Dab) à l'aide d'une feuille de plastique, d'une bande VHS, d'un simple bout de carton plié ou bien d'un vrai collet marseillais, fabriqué avec un fil de fer et du sparadrap. Pour pouvoir ensuite utiliser la carte à volonté, l'auteur de l'escro-querie place au préalable une discrète caméra sur le Dab, ou bien se fait passer lui aussi pour une victime et incite le propriétaire à retaper son code devant son nez. Une fois la victime partie, il ne lui reste plus qu'à récupérer la carte.

Confront' : confrontation. Mesure permettant au juge d'instruction, aux policiers et aux gendarmes de mettre en présence plusieurs personnes, généralement un prévenu et sa victime ou un témoin, afin qu'elles s'expliquent sur des faits dont elles donnent des versions différentes.

Coup d'achat : action qui consiste à interpeller concomitamment un vendeur et un acheteur de drogue au moment de la livraison et du paiement de la marchandise.

Cran d'arrêt : couteau à lame éjectable soit par le côté du manche soit par le devant. C'est une arme blanche de sixième catégorie très répandue dans le milieu de la délinquance.

Crâne (faire du –) : procéder à des interpellations pour faire gonfler les statistiques. Synonyme de « faire du bâton » ou « faire du chiffre ».

D

Dos à dos : technique utilisée par les pickpockets pour subtiliser un portefeuille ou un téléphone dans un endroit public très fréquenté.

E

Enfouraillé : adjectif désignant un individu doté d'une arme de poing.

Étal' : diminutif de « vol à l'étalage ». Action consistant à soustraire frauduleusement des marchandises en se faisant passer pour un (éventuel) client. Ce vol se pratique dans tous les types de commerces, mais les cibles premières sont les grandes surfaces, les boutiques de prêt-à-porter et les épiceries. Toutes les affaires de vol à l'étalage n'aboutissent pas à une condamnation. Le choix du classement sans suite ou de la poursuite dépend de la présence ou non de circonstances aggravantes, de la valeur des biens soustraits au jour de la prise en flagrant délit, des antécédents juridiques de l'auteur du vol et des éventuelles difficultés financières ou psycho-sociales qu'il peut rencontrer.

F

Flingot : arme de poing.
Frotteur : homme qui profite d'un phénomène de foule pour se coller ostensiblement à une voisine et se masturber à son insu.

G

GAV : sigle utilisé pour désigner la garde à vue. Cette mesure privative de liberté, d'une durée strictement limitée, peut être ordonnée par un officier de police judiciaire pour les nécessités d'une enquête.
Gomme : matraque.

I

IJ : identité judiciaire. Souvent mis à l'honneur dans les séries policières américaines, ce service spécialisé de la police scientifique est chargé de rassembler, traiter, conserver et présenter des éléments de preuve en coordination avec l'enquêteur chargé de l'affaire et les experts judiciaires. Son intervention est régie par l'article D7 du Code de procédure pénale : « Les officiers et agents de police judiciaire veillent à la préservation des lieux ainsi qu'à la conservation des traces jusqu'à ce qu'il soit procédé aux opérations de police technique. »

IPPP (se prononce « I3P ») : réservée à l'origine à l'infirmerie psychiatrique de la préfecture de police, cette appellation est désormais utilisée, par les policiers parisiens, pour désigner les personnes relevant de la psychiatrie.

J

JV : jeune voyou.

K

Kébour : képi.

L

Loger : trouver où habite un suspect.

M

Macchabée : personne décédée.

Mateur : individu qui se plaît à observer, notamment la nuit, des couples qui s'adonnent à des actes sexuels sur la voie publique.

Mexicaine : acte illégal consistant à pratiquer la fouille d'un véhicule sans commission rogatoire ni intervention d'un officier de police judiciaire (OPJ). Cela s'appelle « une mexicaine » car la police du Mexique est réputée pour être l'une des plus corrompues du monde et commettre de nombreux actes illégaux.

N

Nourrice : dans le jargon des stups, personne rémunérée pour faire du gardiennage de drogue chez elle. Elle ne vend aucune marchandise aux consommateurs, elle se contente de conserver à son domicile, dans sa cave ou dans son garage, quelques centaines de grammes de cocaïne ou de cannabis, pour éviter au dealer d'être confondu si son logement est perquisitionné. Pas de drogue, pas de preuve, donc pas de mise en garde à vue. À la Bac, le terme a pris un sens plus large. Il désigne toute personne qui stocke et distribue de la drogue dans son appartement sans qu'il y ait de transaction financière directe.

O

Objectif : lieu généralement public qui fait l'objet d'une surveillance particulière par un service spécialisé de la police.

P

Parapluie : petit outil métallique permettant d'ouvrir certaines serrures sans effraction.

Physio : diminutif de physionomiste. Version moderne du videur, il veille à la tranquillité et à la sécurité dans un établissement de nuit ou de jour.

Poudre : cocaïne.

R

Roulot : roulottier. Personne qui vole à la roulotte, c'est-à-dire à l'intérieur des voitures ou des deux-roues.

S

Sous-marin : véhicule (souvent une camionnette) utilisé pour les planques et les surveillances discrètes. Il est équipé de vitres sans tain qui permettent de voir sans être vu.

T

Tapin : personne qui gagne sa vie en vendant son corps.

Tapisser (se faire –) : se faire repérer sur une planque.

Tireur : voleur à la tire, aussi appelé pickpocket. Il existe plusieurs catégories de tireurs, notamment les voleurs à la rencontre. Les auteurs sont deux : le premier bouscule une victime, accomplit le vol et remet son larcin à son complice qui quitte aussitôt les lieux. Ainsi, l'auteur n'a aucune preuve matérielle contre lui.

U

UMS : unité mobile de sécurité, l'ancêtre de la police de proximité.

V

VMA : vol à main armée.

Vol violence : vol avec violence. Ce type d'infraction est passible d'une peine pouvant aller de sept ans d'emprisonnement et 100 000 euros d'amende lorsqu'il est précédé, accompagné ou suivi de violence sur autrui ayant entraîné une incapacité totale de travail pendant huit jours au plus, à la réclusion criminelle à perpétuité et 150 000 euros d'amende lorsqu'il est précédé, accompagné ou suivi soit de violences ayant entraîné la mort, soit de tortures ou d'actes de barbarie.

W

Walkman : terme employé par certains policiers de la Bac, à la fin des années 1980, pour désigner leur radio de service.

X

X (plainte contre –) : acte par lequel une personne informe un service de police, une brigade de gendarmerie ou le procureur de la République de l'infraction (contravention, délit ou crime) dont elle estime avoir été victime de la part d'un auteur non identifié et exige la mise en action de la justice en raison du préjudice subi. Toute victime d'une infraction dispose d'un certain délai pour informer les autorités compétentes : un an pour une contravention ; trois ans pour un délit (vol, coups et blessures, escroquerie) ; dix ans pour un crime.

Y

Yescard : littéralement une « carte qui dit oui ». En fait, il s'agit d'une contrefaçon de cartes bancaires qui peut être utilisée avec n'importe quel code.

Z

Zonzon : terme employé pour désigner la prison. Synonyme de « placard ».

Ma première fois

L'uniforme, je ne l'ai pas beaucoup porté dans ma vie de policier. Cinq, six années, pas plus. Au début de ma carrière. La première fois, c'était en mars 1982. Fraîchement émoulu de l'École nationale de police de Paris, l'ancien bataillon de Joinville, j'entamais un stage de terrain dans le VIIIe arrondissement de Paris. Trois mois plus tard, j'étais affecté dans le VIe à la brigade J2 – appellation utilisée pour désigner l'équipe de jour. Et là aussi j'ai eu droit au pantalon de tergal bleu marine, à la chemise bleu ciel, à la vareuse ornée de boutons argentés et à l'incontournable kébour, à l'intérieur duquel était cousu un film plastique qui permettait à chaque policier de glisser une photo... En service général, on ne pouvait pas y échapper. À mon grand dam. Dans cette pelure tout droit sortie d'un autre âge, j'avais vraiment l'impression d'être étranger à moi-même. Je me sentais observé, jugé, vulnérable. Mais surtout, je n'étais pas du tout à l'aise pour exercer mon métier : la vareuse cintrée à la taille me gênait considérablement dans mes mouvements ; chaque fois que je poussais un sprint, mon képi s'envolait... J'en fis une nouvelle fois les frais ce jour de 1983.

Le brigadier vient de donner le service : je suis affecté à l'îlotage sur le secteur 4, Saint-Germain-Odéon, avec Joseph, un vieux de la vieille. Cette mission préventive consiste à organiser des patrouilles régulières dans tous les quartiers de la ville, répartis en « îlots ». La version ancienne de la police de proximité. Chacun armé d'une radio, d'une matraque et d'un pistolet Herstal 7.65, nous sortons du commissariat pour traverser la place Saint-Sulpice, dominée par sa majestueuse église au fond et son imposante fontaine des Quatre-Évêques au centre.

– Qu'est-ce que tu as envie de faire dans la boîte, exactement ? me demande-t-il en marchant.

– Du flag' !

– Ça, ce n'est pas demain la veille, mon p'tit, ricane Joseph. En attendant, allons plutôt faire du PV au feu rouge.

Il n'a que ce mot à la bouche : « PV »... Même s'il fait partie de mes attributions, l'exercice ne m'excite pas du tout. Je m'exécute néanmoins. Arrivés au métro Odéon, nous nous plantons devant le cinéma UGC-Danton pour observer le feu tricolore de la rue Danton, juste en face. Un flot incessant de véhicules se déverse dans le boulevard Saint-Germain, certains dans le lot passent au rouge... À peine installé, Joseph interpelle le conducteur d'une R5. Verbalisation. Puis c'est à mon tour. Une grosse BMW noire rutilante vient de griller le feu. Coup de sifflet réglementaire. L'automobiliste gare son véhicule sur le côté et baisse son carreau. Je le reconnais immédiatement, avec son épaisse chevelure noire et sa grosse moustache. Ses chansons font un tabac sur les ondes ! De suite, je lis dans son regard une animosité sans borne. « Attention, me dis-je. Tu n'as pas intérêt à commettre d'impair. » Puis, en m'adressant poliment à lui :

– Bonjour Monsieur. Vous venez de franchir le feu au rouge.

Aussitôt, il me coupe la parole, sèchement.

– Impossible, vous avez mal vu.

– Désolé, Monsieur, continué-je bille en tête. Veuillez me présenter les documents afférents à la conduite du véhicule : carte grise, permis de conduire et assurance...

La vedette sort alors de ses gonds.

– Vous savez qui je suis ? J'ai un rendez-vous, là. Je suis pressé. Vous m'emmerdez !

– Oui, Monsieur, je sais parfaitement qui vous êtes. Mais avec tout le respect que je vous dois, votre statut de star ne vous soustrait pas à la loi.

Voyant que je ne céderai pas, il finit par me tendre ses papiers. Je remplis scrupuleusement le formulaire rose, sans oublier de cocher la case K4, correspondant aux infractions les plus graves. Face à un type aussi déplaisant, stupide et condescendant, j'éprouve, je l'avoue, un certain plaisir à mettre une prune... Mais à peine lui ai-je remis sa contravention qu'il la froisse en boule et la jette par la vitre, avec dédain. Sans plus attendre, il engage la première et s'éloigne en faisant crisser ses pneus.

– Ramasse le PV, me dit Joseph, sans se démonter. On fera un rapport de comportement. Ne t'en fais pas, il sera convoqué devant le tribunal de police...

Cela se confirmait, le PV n'était vraiment pas fait pour moi. Quinze jours plus tôt, j'avais déjà verbalisé un automobiliste pour la même infraction, le franchissement d'un feu rouge. Il avait beau avoir la carrure imposante d'un rugbyman, au moment où je lui remis la contravention, il commença à chialer comme un enfant et je me sentis tellement gêné que je déchirai le PV. Rien n'y fit. Le pleurnicheur repartit en continuant de sangloter.

Alors que mon coéquipier poursuit sa valse des PV à une cadence incroyable, mon regard est soudain attiré par une petite femme rondouillette qui crie au voleur.

– Monsieur l'agent ! hurle-t-elle en se précipitant vers moi. Je suis la gérante du bureau de tabac juste à côté. L'homme qui s'enfuit là-bas vient de me voler mon tiroir-caisse ! Faites attention, il est armé d'un couteau !

Je cours vers mon collègue et lui expose les faits.

– Laisse tomber, gamin. Je préviens la Lac, l'ancêtre de la Bac dans le VIe.

Je fulmine. Certes, à l'École des gardiens de la paix, on ne nous a pas formés au flag'. On nous a enseigné la circulation, la police-secours, le maniement des armes, ainsi que toutes les techniques de sécurité, d'interpellation et d'immobilisation, mais pas les ficelles du flagrant délit. N'empêche. Je suis flic, athlétique et particulièrement aguerri au semi-marathon. L'individu est encore à vue, je suis tout à fait en mesure de le rattraper. Je décide donc de passer outre les ordres de Joseph et de m'élancer à ses trousses. Bien entendu, dès mes premières foulées, mon kébour s'envole. Je m'en moque. Ma seule préoccupation est de rattraper le truand. Je m'en sors plutôt bien : l'écart commence sérieusement à se réduire entre nous. Hors d'haleine, le type se retourne régulièrement, le visage anxieux. Pendant ce temps-là, moi, je jubile intérieurement. Courir à la chasse aux bandits, telle est bel et bien ma vocation.

Au niveau de la rue de l'Odéon, le voleur tourne à gauche puis, au carrefour de l'Odéon, à droite dans la rue des Quatre-Vents, et encore à droite dans la rue Grégoire-de-Tours. Quand j'y arrive quelques secondes plus tard, rien ne me paraît suspect. Pas un chat. Sentant l'adrénaline monter en moi, j'avance prudemment. Soudain, sur le trottoir de droite, j'aperçois l'entrée d'un parking souterrain. Instinctivement, je m'y engouffre. Je dégaine mon 7.65, chambre une cartouche et m'enfonce dans la pénombre. Presque aussitôt, je tombe nez à nez avec le malfaiteur, derrière une camionnette blanche. Sans perdre mon sang-froid, je le braque et lui intime l'ordre de se mettre à genoux, les mains sur la tête. Jamais personne ne m'a appris ces automatismes, qui me paraissent pourtant tout naturels dans l'instant, comme de le faire mettre sur le ventre pour le fouiller. Dans la poche arrière droite de son jean, je retrouve 2 000 francs (un peu plus de 300 euros) et, dans sa veste, un couteau type coupe-chou.

Deux minutes plus tard, Joseph me rejoint, accompagné d'une équipe de police-secours. Il a retrouvé ma trace grâce aux indications de quelques témoins. À sa tête, je comprends tout de suite que je vais passer un mauvais quart d'heure.

– T'es complètement cinglé ! commence-t-il, en me tendant mon kébour, ramassé par un passant. Il ne faut jamais partir seul comme cela. C'est beaucoup trop risqué !

Je ne l'écoute pas. Je viens d'arrêter seul mon premier bandit ; je ne vais pas bouder mon plaisir. Comme un pro, je mets mon calibre en sécurité, enlève la cartouche engagée et remets mon kébour sur la tête. Pour la première fois depuis que je sers l'institution, j'ai vraiment le sentiment du devoir accompli.

De retour au commissariat, le chef de poste me fait savoir que le taulier veut me voir. Encore un savon en perspective, pensé-je sans m'en émouvoir plus que ça. Je frappe.

– Entrez, ordonne d'un ton sec le jeune commissaire que je rencontre pour la première fois.

Petit, cheveux blonds coiffés à la Claude François – les collègues l'ont d'ailleurs affublé de ce surnom –, il a néanmoins le charisme d'un vrai meneur d'hommes. Je lui fais le salut réglementaire et, sur son ordre, lui résume mon intervention. Une fois mon récit terminé, il me regarde, pensif, puis, après un court silence, reprend la parole, l'air solennel.

– Je vous rappelle, Monsieur, que mon premier devoir est de vous garder en vie. Vous avez pris des risques en partant seul sur ce VMA mais, entre nous, la police aura besoin de gens comme vous dans les années à venir. La délinquance ne cesse de progresser, et il faudra bien que l'on y réponde.

Alors que je quitte son bureau, il m'interpelle une dernière fois.

– Officiellement, je viens de vous remonter les bretelles, on est d'accord ?

– Bien sûr, patron !

Au sortir de mon entretien, Joseph me fait signe de le rejoindre.

– Alors ?

– Je me suis fait déchirer…

– Ah, tu vois, je te l'avais dit !

Crime passionnel

Coller des PV à longueur de journées, ça n'a jamais été mon dada. Mon rêve à moi, c'est d'intégrer la Brigade anti-criminalité pour faire du flag', rien que du flag'. Mais, en 1983, je n'ai pas encore suffisamment d'expérience pour postuler. Alors, quand j'apprends que des chefs de brigade recherchent des gardiens de la paix pour former une nouvelle unité mobile de sécurité (UMS), je saute tout de suite sur l'occasion. Constituées de sept individus en tenue, les UMS assurent alors des missions d'îlotage dans les différents quartiers de la capitale. Une occasion idéale de faire mes premières armes en flag'.

Dès le mois de mai, j'arbore ainsi le superbe écusson UMS sur la chemisette bleue de mon uniforme. Pour cette journée, je fais équipe avec David, un solide gaillard plutôt beau gosse. Nous sommes affectés au secteur 2, correspondant au quartier Sèvres, entre Vaugirard, Cherche-Midi et Saint-Placide. Le coin est un véritable paradis pour pratiquer la lutte anti-criminalité. Les commerces florissants y attirent une ribambelle de bandits : tireurs, voleurs à l'étalage, escrocs à la carte bleue, braqueurs. La semaine précédente, nous avons enregistré pas moins de neuf plaintes pour vols dans des magasins.

Au croisement Cherche-Midi-Saint-Placide, un homme, tablier blanc enroulé autour de son ventre bedonnant, fume une cigarette devant l'entrée de son troquet. Il nous salue et nous invite à prendre un petit noir au comptoir, ce que nous acceptons avec plaisir. Cela fait partie du job : instaurer un climat de confiance avec la population et les commerçants. Dédé, c'est son surnom, se révèle une mine d'informations précieuse. Installé ici depuis vingt ans, il connaît la vie du quartier de A à Z : le bruit, les problèmes de voisinage, la sortie des poubelles, les petits voleurs, les bandes de jeunes… Je ne me lasse pas d'écouter ses chroniques de la vie quotidienne avec intérêt, mais il est temps, à présent, de reprendre notre ronde. Nous n'avons pas fait cinquante mètres dans la rue Saint-Placide que David s'arrête de nouveau. Derrière la vitrine, une jolie vendeuse, blonde, mince, exquise, se profile au milieu des ballerines, des bottes et des mocassins. Cela fait plusieurs jours qu'il lui tourne autour, sans trop savoir comment s'y prendre. Elle ne l'a jamais vu qu'en tenue, et l'uniforme ne fait pas craquer toutes les filles… Tout juste lui fait-il un petit salut de la main, mais elle est occupée avec une cliente. Tant pis, ce sera pour une prochaine fois… Pendant quelques minutes, David reste tout chose, tellement timide que je n'ose même pas le taquiner. Je le laisse à ses pensées et me concentre sur le va-et-vient de la rue lorsque, soudain, j'entends siffler derrière nous. Je me retourne. Dédé ! Il court à nos trousses en agitant les bras dans tous les sens. Intrigué, je m'avance à sa rencontre.

– Il y a un problème dans l'immeuble juste à côté de la brasserie ! bredouille-t-il, pris de panique. Une détonation a retenti dans les étages.

– Vous êtes sûr ? demande David.

– Oui, oui, sûr et certain ! J'ai fait cinq ans d'armée. Je sais faire la différence entre un pétard et un coup de feu. En plus, je ne suis pas le seul à l'avoir entendu.

Nous nous faufilons parmi les badauds pour rejoindre

l'immeuble. Un beau bâtiment haussmannien, entièrement rénové et ravalé. Il y a du monde devant l'entrée. Dans les affaires de ce genre, la rumeur va très vite. Tous les curieux se pressent pour essayer de glaner des informations. Avant d'entrer, je m'annonce sur les ondes.

– TN 06 de îlot 2. Nous nous présentons à 0 + 2 – c'est-à-dire à zéro gradé et deux gardiens de la paix – au 30, rue Saint-Placide, pour un coup de feu.

– Reçu, îlot 2 de TN 06. On vous envoie la PS 05. Pas d'autres véhicules disponibles.

Je pousse la lourde porte bâtarde et m'engouffre à l'intérieur avec David. La concierge en sarrau fleuri nous attend dans le hall, accompagnée d'une voisine, aux rides profondes. Elle nous entraîne aussitôt dans sa loge où elle vit manifestement seule, depuis des années. Il suffit d'observer le papier peint aux motifs géométriques marron, orange et jaune et le vieux lino beigeasse pour s'en convaincre.

– Il y a dix minutes, je passais la serpillière dans l'entrée quand j'ai entendu très distinctement deux coups de feu, suivis, quelques minutes plus tard, d'un troisième, commence-t-elle d'une voix grave.

Je sens les battements de mon cœur s'accélérer. Moi qui ambitionne de faire du flag' ma spécialité, j'entre vraiment dans le vif du sujet.

– D'où provenaient-elles, ces détonations ?

– Des étages, je dirais, mais de quel appartement précisément, impossible de vous le dire. Dans cet immeuble, tous les habitants sont sans histoire, vous savez. D'ordinaire, il n'y a jamais de problèmes…

– Vous avez vu quelqu'un sortir ?

La gardienne est formelle : personne n'est passé. Je lance un nouveau message radio. À l'École de police, on nous a appris à tenir régulièrement nos collègues informés. Aviser, toujours aviser !

– On va vous envoyer l'OPJ de permanence mais, pour le moment, il est sur une affaire dans le XIIIe arrondissement. Vous allez donc devoir patienter un peu.

– Bien reçu, TN 06. Nous entreprenons la reconnaissance des lieux et vous recontacterons dès que nous disposerons de plus amples informations.

Il faut se méfier. Le tireur se trouve peut-être encore dans les parages. Je sors mon Herstal de son étui et me dirige vers l'escalier. David me suit, le pistolet à la main. L'épaisse moquette rouge qui recouvre les marches amortit le bruit de nos pas. Au premier étage, deux appartements. Je tends l'oreille en m'approchant des portes : pas de bruits suspects. Tout paraît parfaitement normal. Au deuxième étage, en revanche, le tapis est un peu en pagaille, comme si une personne s'était pris les pieds dedans lors d'un départ précipité. La tension monte encore d'un cran lorsque nous découvrons que la seconde porte est entrouverte. Avec beaucoup de sang-froid, David pointe son calibre droit devant lui et s'introduit à l'intérieur. Le vestibule est presque aussi vaste que mon studio. Entre chaque porte, des miroirs, des tableaux, des statues. Un décor rococo, pas très raffiné. Mon flingot à la main, je m'engage dans le salon. Sur la table basse en bois précieux, deux flûtes en cristal et un seau à champagne. Sur le beau canapé en cuir blanc, une dizaine de lettres manuscrites, signées d'un certain Marc, et puis, sur le kilim, un amas de photos en couleurs. Je me baisse pour en ramasser quelques-unes. On y voit chaque fois le même couple s'embrassant dans différents lieux : au jardin du Luxembourg, dans une forêt, dans une voiture. Un vrai roman-photo ! Cela sent le détective privé à plein nez.

Tout à coup, David m'appelle. Au son de sa voix, je

comprends qu'il a trouvé quelque chose de grave. Je traverse le long couloir et le rejoins dans la cuisine. Au milieu d'un tas d'assiettes cassées, une femme, en chemise de nuit blanche, baigne dans une mare de sang sur les tommettes en terre cuite, les jambes écartées. Je tâte son pouls. Il est anormalement faible. La malheureuse ne peut pas parler, elle souffre trop. Sans perdre une seconde, je prends contact avec notre autorité, qui déclenche la grosse artillerie : pompiers, Samu, OPJ. Pendant ce temps, agenouillé au chevet de la victime, David tente de stopper l'hémorragie en exerçant un point de compression sur sa blessure. Je redescends au rez-de-chaussée pour diriger les secours, mais la concierge m'intercepte.

– Regardez, la porte de la cave est ouverte et la lumière allumée !

Comme elle n'a vu personne sortir, le suspect doit être toujours en bas. Au même instant, la porte d'entrée s'ouvre : mes homologues de l'UMS 4. Ils ne pouvaient pas mieux tomber. Dans ce genre d'endroit, il est toujours préférable de ne pas intervenir seul. Je réquisitionne donc un collègue et emprunte le petit escalier qui mène au sous-sol, dans une quasi-obscurité. La hauteur de plafond est tellement réduite que je manque plusieurs fois de me cogner la tête. Enfin, nous y sommes ! À droite, une dizaine de portes numérotées. On croirait des geôles de la Seconde Guerre mondiale. Des champignons recouvrent le bois, pourri par l'humidité. Des chaînes avec de gros cadenas en fer font office de serrure. Au pied de chaque porte, on distingue des sachets ouverts de mort-aux-rats. Quel endroit sinistre !

Au bout, une cave est ouverte. Je passe doucement la tête. Un homme est assis sur des cartons de vins. Mon collègue l'appelle, il ne répond pas. Il est mort. Dans ce noir quasi total, je devine qu'il lui manque une partie du crâne. Un pistolet repose à ses pieds sur la terre battue. Il vient vraisemblablement de se suicider d'une balle dans la tempe.

Le sous-brigadier de l'UMS 4 reste sur place afin de préserver les traces et indices pour la PJ, tandis que, moi, je remonte. David doit vraiment se demander ce que je fabrique depuis tout ce temps. Dans la cuisine, les pompiers sont à pied d'œuvre autour de la jeune femme. Elle a reçu deux projectiles dans l'estomac et son pronostic vital est engagé. Quelques instants plus tard, les OPJ et le Samu arrivent pour prendre le relais. Nous les laissons travailler et nous focalisons sur notre rapport.

Meurtre ou tentative de meurtre ? La qualification définitive ne sera établie que deux jours plus tard par le procureur de la République... lorsque la femme sera définitivement tirée d'affaire.

La gomme à effacer le sourire

La matinée commence sur les chapeaux de roue. Bagarre générale devant la fontaine Saint-Michel ! Il est un peu plus de 6 h 30. Nous venons tout juste de prendre notre service. À cette époque, en 1988, nos horaires à la Bac jour sont en effet calqués sur ceux des brigades. Les yeux encore un peu brouillés par le sommeil, Olivier ronchonne.

– Satané boulot ! On est à peine sorti du lit qu'on doit déjà jouer les cow-boys ! J'ai même pas eu le temps de prendre un café, moi !

Olivier est toujours d'humeur massacrante le matin. Pour ne pas envenimer les choses, Philippe, David et moi prenons le parti de ne pas relever. Nous attrapons nos gants en cuir, enfilons notre surblouson, idéal pour amortir les coups, et glissons dans notre manche notre compagne de circonstance : la fameuse gomme à effacer le sourire. Élément indispensable de notre matériel collectif de défense, la matraque en caoutchouc est davantage un outil de prévention et de dissuasion qu'une arme d'attaque. Discrète et facile d'utilisation, elle vise à repousser, maîtriser ou immobiliser un assaillant en quelques gestes. En aucun cas à le blesser. Philippe nous laisse le soin de rassembler le matos et part devant pour chauffer le moteur de la R21. Par temps froid, notre bonne vieille charrette peine parfois à démarrer. Nous arrivons place Saint-Michel dix minutes plus tard. Une équipe de police-secours est déjà sur les rangs. Face à elle, une dizaine d'armoires à glace virulentes, le visage peinturluré aux couleurs de l'Union Jack. Sans doute des supporters anglais en train de cuver leur défaite, percuté-je tout de suite. Quelques heures auparavant, au Parc des Princes, la France avait en effet battu l'Angleterre 10-9 en tournoi des Cinq Nations. Caché à l'abri d'un lampadaire sur le trottoir d'en face, je balaie la scène du regard. Au milieu de la place, trois colosses aux yeux globuleux s'agitent et vocifèrent des insultes à qui mieux mieux. Quasiment à leurs pieds, deux hommes sont étendus sur le macadam. L'un saigne à l'arcade sourcilière, l'autre au coude et au genou. Rien de bien méchant, apparemment. Plus loin, assis sur le rebord de la fontaine, deux autres gus ingurgitent une énième Guinness. Je décale un peu la tête. Derrière eux, je devine une silhouette flottant à la surface de l'eau. Là, c'est plus grave ! Ni une, ni deux, je traverse le boulevard Saint-Michel et m'arrête au niveau des barrières. J'avais vu juste ! Un homme, le teint livide et l'haleine empuantie par des relents d'alcool, baigne là, inconscient. Je tente de m'approcher pour prendre son pouls lorsqu'un supporter d'une force herculéenne me bouscule sans ménagement. Heureusement, Olivier vole à mon secours et assène un violent coup de matraque dans les côtes de mon agresseur. C'est le top départ pour une bataille rangée. Échanges de mots, horions, insultes racistes : les Anglais, galvanisés par le maillot blanc de leurs idoles Underwood, Carling et Winterbottom, nous donnent bien du fil à retordre. Fin comme un haricot et rapide comme l'éclair, l'un de nos collègues de police-secours réussit à s'extirper de la mêlée pour demander du renfort au Storno, notre radio de transmission. Car si deux de nos adversaires baissent vite les armes, les autres ne lâchent rien. Au milieu de la confusion, David et Philippe réussissent enfin à faire chuter un rugbyman anglais. Et d'un ! Au tour du numéro six, maintenant. Pendant que je lui sors ma technique de ramassage de jambes de face empruntée au judo, Olivier l'étrangle par-derrière avec sa gomme. Déséquilibré, le balèze chute lourdement sur le sol, alors que le son aigu des sirènes monte dans le ciel. Les renforts, enfin ! Très vite, notre supériorité numérique a raison de ces forces de la nature. Je laisse à mes camarades le soin de les entraver à l'aide de colliers de serrage Serflex, l'alternative aux menottes en cas de gros poignets, et me précipite au chevet de la victime inanimée.

Le premier bilan des pompiers n'est pas très optimiste. L'homme est plongé dans un coma inquiétant. Nous embarquons l'ensemble du groupe dans le car de police-secours pour démarrer les auditions. Si l'individu décède, il faudra établir les responsabilités de chacun. Au commissariat, il nous faut à nouveau faire preuve de beaucoup de psychologie pour convaincre les gaillards de franchir les grilles de la cellule de dégrisement et des cages de garde à vue. Ils menacent d'abord d'en faire sauter les gonds puis finissent par s'assagir. Je remonte au bureau passer mes troupes en revue. Olivier est blessé au poignet, Philippe et David ne présentent que quelques bleus. Au bout de vingt-quatre heures, les rugbymen peuvent finalement retourner à l'air libre. Leur pote hospitalisé est tiré d'affaire. Deux seront tout de même poursuivis pour rébellion et violences à agents.

Proie facile

Nous sommes au printemps 1988. Je viens d'enquiller six jours de travail harassants. Je suis crevé. Besoin de souffler. D'ordinaire, je profite de mes jours de repos pour faire du sport ou bouquiner sur mon canapé. Mais, depuis quelques semaines, je passe davantage de temps avec Marie, une jeune fliquette du commissariat. Outre sa gentillesse et son sens de l'humour, j'aime la beauté douce et naïve qui se dégage d'elle : sa peau claire, ses yeux bleus. D'humeur joyeuse, je prends une douche, m'habille puis me plante devant le miroir de ma salle de bains. Un coup de peigne, un pschitt d'Habit rouge de Guerlain, puis je saute dans ma Passat bleue pour aller lui rendre visite. Elle habite un appartement coquet à côté de la gare de Sevran-Beaudottes. Je connais bien le quartier. J'y ai vécu quelques mois avant de déménager en 1984. Mais, en quatre ans, la ville a beaucoup changé. Les champs ont laissé place aux grands boulevards, les tours de béton ont succédé aux pavillons. Plongé dans mes souvenirs, je reviens soudain à la réalité lorsque j'aperçois le petit immeuble moderne de Marie. Me voilà enfin arrivé ! Je sonne à l'interphone. Personne. Nous nous sommes donné rendez-vous à 11 heures. Elle ne devrait pas tarder. Cinq minutes, dix minutes, un quart d'heure. Toujours personne. Flegmatique, je remonte en voiture et décide d'aller attendre Marie à la sortie du train.

Je stationne sur le parking du centre commercial juste à côté et m'engouffre dans la galerie Mandela qui mène directement au hall de la gare. Des étals colorés de tous les pays défilent sous mes yeux : d'un côté, des épices du Maghreb et des fruits exotiques d'Asie ; de l'autre, des galettes bretonnes. Mon regard vagabonde à l'envi, puis brusquement s'arrête sur un Maghrébin de 25-30 ans, en blouson noir. Visage vitreux, pupilles dilatées, il divague de droite à gauche, tel un camé en manque. Sont-ce ses mains usées, ses épaules carrées ou son air hagard ? Dès qu'il approche, tout le monde s'écarte. 11 h 38. Marie aurait-elle emprunté un autre chemin ? Un brin agacé, je remets le cap vers son domicile. Toujours personne. J'allume l'autoradio, pose la main sur la clé de contact, prêt à filer, lorsque j'aperçois, dans mon rétro droit, la silhouette du jeune paumé que je viens de croiser à la gare. Intrigué, je l'observe. Il scrute attentivement les habitations de part et d'autre de la rue. Je sens qu'il va faire une connerie. Une fraction de seconde plus tard, il s'élance et escalade le mur d'un jardinet. Pas question d'intervenir. Je n'ai pas mon feu. La seule option ? Sonner chez la concierge du bâtiment voisin pour appeler des policiers en renfort et faire le guet par l'escalier extérieur. Planté au milieu du jardin, l'homme tente de défoncer la porte-fenêtre. Plusieurs tentatives infructueuses. Ça y est ! Il est à l'intérieur ! Une main se pose sur mon épaule. Marie. Tout juste le temps de lui expliquer la situation, des bruits fracassants retentissent dans le duplex mitoyen. Flingue ou pas, je ne peux pas rester là à attendre les bras croisés. J'enjambe le mur et me retrouve dans une immense pièce complètement sens dessus dessous. Tiroirs retournés, vaisselle brisée... Une scène de chaos d'où s'échappe, quasi imperceptible, un vagissement étouffé. Intrigué, j'essaie tant bien que mal de me frayer un chemin jusqu'à l'escalier. Je gravis sans bruit les trois premières marches et stoppe net. Le cambriolo, de dos, est grimpé à califourchon sur une vieille dame asiatique et l'étrangle. Vu sa corpulence, je ne suis pas sûr de le maîtriser au corps à corps. Je fonds donc sur lui par-derrière et lui décoche un coup de pied en pleine tête pour le mettre hors d'état de nuire. Un hurlement, puis l'homme tombe bruyamment sur le côté à demi conscient. Il faut tout de même un second coup dans les côtes pour l'immobiliser complètement. Je crie à la dame de s'enfuir. Elle ne bouge pas. Elle est tétanisée. Je la tire par le bras pour la protéger de son agresseur quand résonne un tonitruant : « Police ! Bouge pas. » Désarçonné, je dégaine ma carte et désigne du doigt le suspect. Lors de la fouille, mes homologues de la Bac de Sevran trouvent dans sa poche un billet de 500 francs (76,22 euros) et le carnet de chèques de la victime. Ils essaient de le menotter. En vain. Le blaireau a des poignets trop gros. Solution de repli : le Serflex en plastique. Grand soupir de soulagement. J'ai le sentiment du devoir accompli. La victime, une femme sourde et muette âgée de 78 ans, est transportée à l'hôpital. Son agresseur, déjà connu des services de police pour outrage à agent, cambriolage, braquage, vol à main armée et trafic de drogue, est lui déféré pour effraction, vol par effraction et tentative de meurtre sur une personne vulnérable. Une semaine plus tard, je suis convoqué par une juge d'instruction à Bobigny. Dans la salle d'attente, je découvre l'Asiatique entourée de sa fille et de son gendre. Mon regard s'attarde sur les stigmates de strangulation que porte son cou, encore tout bleu et gonflé. Quand elle relève la tête, son regard s'anime. Elle s'approche, me salue. Sa fille : « Ma mère m'a tout raconté. Vous lui avez sauvé la vie. Je ne sais comment vous remercier. » Je n'attends rien. Je n'ai fait que mon boulot. Fin de discussion. La juge me fait signe d'entrer.

En face d'elle, le prévenu, visage impassible. « Avant toute chose, jeune homme, vous allez remercier ce policier, lance-t-elle avec autorité. Sans lui, aujourd'hui, vous seriez un meurtrier. » Six mois plus tard, le voyou sera condamné à sept ans de taule.

Flingue au poing

Mai 1989. Il est 16 heures. Je suis convoqué chez l'officier de brigade pour signer ma feuille de notation annuelle.

« Je vous en prie, asseyez-vous, brigadier », m'indique chaleureusement mon supérieur, ancien officier de CRS, avec qui je partage la passion du terrain. Petits binocles sur le bout du nez, il me livre son appréciation sur ma manière de servir : « Bon élément, motivé, qui progresse dans le commandement. » La notation générale est dans le même ton : 5 + sur une échelle de 7. Je suis content. J'ai travaillé dur pour en arriver là. Et mes efforts semblent récompensés. En avril, j'ai décroché mon galon de bricard, le deuxième grade du corps d'encadrement et d'application de la police nationale qui correspond à celui d'adjudant dans l'armée française, d'où il tire son insigne : un liseré rouge sur une barrette jaune. Cette évaluation est donc la cerise sur le gâteau. Avant de signer la feuille, je parcours rapidement la première grille visant à évaluer les qualités personnelles et professionnelles du fonctionnaire dans l'exercice de ses fonctions. « Connaissance du travail en rapport avec le grade : satisfaisant. Maîtrise de soi : supérieur. Disponibilité pour le service : supérieur. Aptitude au travail en commun : satisfaisant… » Je me sens pousser des ailes ! Quand il me voit sortir du bureau avec cet air un peu benêt, Olivier comprend tout de suite. Il ne me tape pas sur l'épaule, ce n'est pas du tout dans son tempérament, mais le cœur y est. Olivier et moi nourrissons un grand respect l'un pour l'autre. Nos racines communes sans doute. Lui vient de Nœux-les-Mines dans le Pas-de-Calais, moi de Bruay-en-Artois – aujourd'hui rebaptisé Bruay-la-Buissière –, à huit kilomètres de distance...

« On se fait une petite pédestre dans la rue de Rennes ? » suggère Olivier. Rien de tel qu'un peu de terrain pour me remettre de mes émotions. Mon regard vagabonde à l'envi. Dans une petite épicerie, une vieille dame appuyée sur sa canne palpe une à une les tomates entassées dans une cagette posée sur l'étalage extérieur. Grimpés sur un immense échafaudage en acier quelques mètres plus loin, des ouvriers coiffés d'un casque blanc rafraîchissent la façade d'un immeuble. « Une alarme s'est déclenchée à la BNP, au 169, rue de Rennes », aboie soudain le Storno. Est-ce un déclenchement intempestif ou une alarme agression ? Nous n'avons aucune précision complémentaire. Dans ce boulot, on joue souvent à pile ou face. Sans coup férir, j'informe notre poste directeur que nous sommes en pédestre à 1 + 1 – un gradé et un gardien – à deux cents mètres du lieu. Après une course sportive de trois minutes, nous arrivons sur place. La première conduite à tenir ? Observer. Comme aucun client ne sort, je penche plutôt pour un vol à main armée.

– TN 06 de Bac 06. Requiert du renfort au 169, rue de Rennes pour un VMA. Je soupçonne le braqueur d'être encore à l'intérieur. Que tous les véhicules coupent leur deux-tons avant d'arriver sur les lieux.

C'est alors qu'un type brun, mal rasé, portant des Rayban noires, sort de l'établissement d'un pas pressé. Une bouffée de chaleur m'envahit. Je ne suis pas complètement sûr qu'il s'agisse de l'individu recherché, mais mon instinct me pousse à lui emboîter le pas. L'homme se faufile dans la circulation et s'engouffre dans la rue Littré, perpendiculaire. Olivier et moi le filons sur le trottoir d'en face, à l'abri derrière les voitures. Le visage grave mais sûr de lui, il se retourne à plusieurs reprises pour s'assurer qu'il n'est pas suivi... Et il finit par croiser mon regard. C'est foutu, on est détronchés. Aucune alternative, je sors mon 357 Magnum et pointe mon revolver en direction du braqueur. Couvert par mon collègue, en position de riposte derrière le capot d'une Renault noire en stationnement, je lui crie de s'arrêter. J'entends alors le bruit d'une arme claquer bruyamment contre le sol. Après avoir jaugé en quelques secondes la situation, le braquo vient de se débarrasser de son calibre avant de se laisser interpeller sans résistance. Je m'assure qu'il ne porte pas un autre objet dangereux, le menotte puis récupère le flingue sous la voiture. Un 11.43 approvisionné, cartouche engagée. Pendant que je le mets en sécurité, Olivier procède à une minutieuse palpation. Le butin est caché dans un sac plastique dans la poche arrière de son pantalon : 70 000 francs (10 671 euros). Pour mon premier VMA de banque, j'ai vraiment de la chance !

Je crois que je n'ai jamais mis autant d'empressement à taper mon rapport : « Monsieur le Commissaire, j'ai l'honneur de vous rendre compte des faits suivants. Ce jour, à 17 heures, sur appel de TN 06, nous nous sommes rendus à la BNP au 169, rue de Rennes, dans le VIe arrondissement de Paris pour un déclenchement d'alarme... »

Les déserteurs

Il se prénomme Lucien mais, au commissariat, tout le monde l'appelle « P'tit Lu ». Bien charpenté, les cheveux crépus coupés court, il a ce sourire rafraîchissant, caractéristique des Antillais. Cela doit faire quatre ou cinq ans qu'il est dans la maison, mais je ne sais pas grand-chose de lui. Il bosse en bas dans les bureaux, alors on n'a pas souvent l'occasion de se croiser. En l'espace de quelques heures pourtant, nos destins vont intimement se lier.

Ce jour d'automne 1989, mon équipe est en manque d'effectifs. Lucien est donc appelé pour renforcer les rangs. Comme il n'a aucune expérience du terrain, je préfère le prendre sous mon aile. Nous partons en pédestre, rue Bonaparte. Sur le chemin, j'en profite pour faire plus ample connaissance.

– Tu es depuis quand en métropole ?

– J'ai quitté Fort-de-France il y a cinq ans maintenant, calcule-t-il, un brin nostalgique.

On se positionne à l'angle de la rue Bonaparte et du boulevard Saint-Germain pour avoir une vue d'ensemble de la place, en observant notamment la terrasse du café-restaurant huppé Les Deux Magots à la recherche d'un voleur. Je ne suis pas vraiment motivé car je sais que, si je tombe sur un suspect, j'aurai du mal à le prendre en flag' sans le soutien d'un coéquipier expérimenté.

– Parle-moi un peu de ton île, dis-je avec autant d'enthousiasme que possible, comme pour masquer mon dépit. Je n'ai pas eu la chance de beaucoup voyager dans ma vie. Je ne connais pas du tout les Antilles...

Lucien n'a pas le temps d'ouvrir la bouche. Un message radio nous informe qu'une gardienne a contacté nos services après avoir vu deux hommes entrer dans la cour de l'immeuble juste à côté des Deux Magots. J'indique que je suis tout près et que je vais me rendre sur place avec mon collègue. Je dis à Lucien d'éteindre sa radio, tandis que nous traversons la place Saint-Germain et pénétrons dans le hall. Nous dépassons les boîtes à lettres pour nous diriger vers la loge de la concierge. Je frappe, lui montre ma carte de police et pose mon index devant ma bouche pour lui indiquer de parler tout doucement.

– Qu'avez-vous vu exactement ? la pressé-je, à voix basse.

– Deux personnes très bizarres sont entrées il y a dix minutes, un quart d'heure, et je ne les ai pas vues ressortir, murmure-t-elle, effrayée.

– C'est quoi, pour vous, des personnes très bizarres ?

– Ils ne ressemblent pas du tout aux habitants de l'immeuble. Ils ont le crâne rasé, les bras tatoués et surtout un vrai regard de tueurs. Je ne sais pas pourquoi, mais j'ai un mauvais pressentiment. C'est pour ça que je vous ai appelés.

On s'avance jusque dans la cour pour faire une reconnaissance : une dizaine de bacs à fleurs pas très bien entretenus cohabitent avec des vélos et des poussettes d'enfant. De l'autre côté se tient un atelier de reproduction graphique. Je m'avance pour m'assurer que la porte est bien fermée. Oui. Je m'aperçois alors que l'entrée de la cave est ouverte avec la lumière allumée. Je m'engouffre dans les escaliers et, par précaution, glisse mon pétard le long de ma cuisse. Lucien reste dehors pour surveiller les entrées et les sorties. En bas des marches, plusieurs chemins s'offrent à moi. Je ne m'engage pas tout de suite. J'attends et j'écoute. Je n'entends aucun bruit. Mais des caves sont entrouvertes. Dans la voie du milieu, la terre battue est recouverte de traces de pas fraîches. Je décide de les suivre. Mais plus j'avance, plus les empreintes s'estompent. J'ai l'impression d'être au milieu d'un labyrinthe. Je finis mon tour, rien. Je me dirige vers la sortie et, là, j'entends Lucien crier mon nom. « La concierge est quasi sûre qu'ils sont montés ! me dit-il. La porte donnant accès au second escalier juste après l'ascenseur est entrebâillée. » Et la gardienne d'expliquer : « Le groom est en panne. Tous les résidants savent qu'il faut pousser la porte derrière soi... » La pression commence à monter. Nous franchissons la première porte. J'appelle tout de suite l'ascenseur pour le bloquer au rez-de-chaussée. Lucien reste là en protection pendant que je me dirige vers l'escalier B. Je ne me précipite pas tête baissée mais reste un petit temps accroupi au pied des marches pour écouter. Pas un bruit. Je m'apprête à appeler du renfort pour faire une visite complète de l'immeuble lorsqu'un cri de femme en provenance des étages s'élève dans la seconde courette intérieure. Je m'avance jusqu'au patio et me penche en arrière pour regarder ce qui se passe. Stupeur ! Au quatrième, je vois un escogriffe, crâne rasé, la trentaine, sortir par la fenêtre d'un appartement et sauter sur le rebord de la fenêtre palière. Heureusement, il ne m'a pas vu. Je sens ma gorge se nouer, ma poitrine se serrer. Mon binôme attrape sa radio pour requérir de l'aide, puis nous nous engageons dans les étages. Quand nous arrivons au quatrième, la fenêtre palière est ouverte mais il n'y a personne. Un hurlement venant de la cour remonte dans la colonne. Un petit mec musclé, habillé tout en noir, gît au sol au milieu des poubelles vertes renversées, mais aucune trace de son complice. Je fais signe à Lucien de redescendre. Dans l'escalier, il passe un nouveau message radio : « Cambriolage avec agression en cours ! Demande renforts police et pompiers de toute urgence ! » Arrivé en bas des marches, il se presse au chevet de l'homme à terre pour le palper. Il ne trouve rien mais s'attarde quelques secondes sur le tatouage en forme de tête de serpent qui couvre tout son avant-bras. Le deux-tons déchire l'air. Ouf, les renforts ! Je sonne à l'appartement. Pas de réponse. Je n'aime pas du tout ça… Je me prépare à franchir la fenêtre palière lorsque j'aperçois les silhouettes d'Alain et Stéphane au milieu des marches. Entre les mains de ce dernier, je reconnais tout de suite la forme d'un Uzi, ce pistolet-mitrailleur israélien ultra-léger à canon court, capable de tirer à une cadence de 600 cartouches à la minute. Je me retourne subitement. Je viens d'entendre une petite voix fluette susurrer derrière la porte de l'appartement. Je tends l'oreille.

– Qui est-ce ? s'inquiète-t-elle.

– C'est la police, Madame.

Silence. Je sens bien que la vieille dame ne me croit pas.

– Madame, est-ce que ça va ? Vous êtes seule ?

– Oui, chuchote-t-elle.

– Très bien, Madame. Pour vous montrer que je ne vous mens pas, je vous propose de vous montrer ma carte par la fenêtre de votre cuisine. Vous êtes d'accord ?

– D'accord.

J'attends quelques secondes. Une octogénaire se présente derrière la vitre, la mine affolée. « Tenez », lui dis-je en lui tendant ma brème depuis la fenêtre palière. Cette fois, elle semble convaincue. Elle revient à la porte d'entrée et nous ouvre. Derrière elle, dans le hall, un vase rempli de fleurs artificielles en soie est posé sur un petit guéridon en bois, en signe de bienvenue. « Si vous permettez, nous allons procéder à une rapide reconnaissance », préviens-je courtoisement.

À droite, la cuisine qui semble sortie d'un autre temps avec ses murs défraîchis jaune pisseux, ses meubles en formica et sa vieille cuisinière électrique en fonte. Rien à signaler de ce côté-là. Je poursuis jusqu'au salon où de vieux meubles en chêne massif voisinent avec un canapé recouvert d'un vieux plaid, une télé, des photos de famille un peu jaunies et un poste de radio dernier cri. Toujours rien. Pendant qu'Alain inspecte la salle de bains, je fais le tour de la chambre ornée d'une hideuse tapisserie à fleurs : un grand lit, une belle armoire normande, une table de chevet sur laquelle repose une vieille lampe... Il faut se rendre à l'évidence : le deuxième suspect a pris la poudre d'escampette. Stéphane demande à la vieille dame de s'enfermer chez elle à double tour le temps qu'on recherche l'individu.

– Ça va aller ?

– Oui, oui, assure-t-elle hardiment comme pour se persuader elle-même.

Alain et Stéphane me confient l'Uzi et redescendent au rez-de-chaussée, au cas où le deuxième gars aurait rejoint son compère. Raté ! On n'y trouve que les pompiers en train d'administrer les premiers soins au suspect qui a les deux jambes cassées. Il ne peut pas bouger, les secouristes sont obligés de l'immobiliser sur un matelas coquille. Pendant ce temps, je continue à explorer les étages. Rien au troisième, rien au deuxième. « Ce n'est pas possible, j'ai dû rater quelque chose ! » me dis-je intérieurement. Je décide de remonter d'un niveau. À côté de l'appartement de droite, une petite porte dérobée s'ouvre. Je me retrouve nez à nez avec le grand échalas au crâne rasé que j'avais aperçu tout à l'heure à la fenêtre de la vieille dame. Nous sommes autant surpris l'un que l'autre. Très vite, l'adrénaline monte en moi. Je viens de me rendre compte que l'homme est enfouraillé. Dans sa main droite collée le long du corps, il tient un pistolet de calibre 6.35. D'ici, impossible de savoir s'il est factice ou non. Dans le doute, je n'ai pas d'autre choix que de pointer l'Uzi sur lui pour le forcer à lâcher son flingue. Loin de se démonter, le type prend quelques secondes pour analyser mon pétard et hésite, je le sens. Dans ma tête, je suis déjà prêt à tirer, s'il le faut. Heureusement, il finit quand même par jeter son pistolet à terre. Je pose mon pied dessus et lui ordonne de ne pas bouger.

Même si j'ai les armes avec moi, je ne me sens pas rassuré. Derrière son visage buriné, le mec ne fait montre d'aucune crainte et continue de me défier du regard. Je ne prends surtout pas le risque de m'approcher ni de le menotter. Il semble être entraîné et pourrait très bien tenter quelque chose au corps à corps. Je crie pour héler mes collègues. Pas de réponse. Je lui intime l'ordre de se mettre à genoux, les mains derrière la tête. Il ne bouge pas. Le temps me paraît une éternité. Je flippe. Alors je tente le tout pour le tout. Je prends une grande inspiration, avance d'un pas et lui décoche un coup de pied dans la cuisse. Cette fois, il s'exécute. Je sens mon cœur ralentir. À cet instant, Alain et Stéphane franchissent tout juste la dernière marche de l'escalier. En un éclair, ils se jettent sur l'individu, lui font une palpation et lui passent les bracelets. De la poche intérieure gauche de sa veste en jean, ils sortent un portefeuille en cuir dans lequel ils trouvent une carte bleu-blanc-rouge de l'armée française. Un légionnaire ! Alain lui demande à quelle garnison il est rattaché, mais l'homme se cantonne dans le mutisme. On décide donc de rejoindre Lucien en bas. Lors de sa fouille, il a trouvé, sur le blessé, la même carte de la légion étrangère.

Je confie le soin aux deux collègues en tenue arrivés en renfort de prendre la déclaration de la mamie. Tandis que les pompiers transportent la victime vers l'hôpital Cochin sous bonne garde, nous emmenons le second au commissariat de police judiciaire, situé rue de l'Abbaye, deux cents mètres plus loin. Je prends contact avec la prévôté, un détachement de la gendarmerie nationale chargé d'assurer la police judiciaire aux armées. Elle prend les renseignements sur les deux individus et dépêche une équipe sur place. On apprendra plus tard que les deux militaires avaient déserté du 2e Rep – régiment étranger de parachutistes – de Calvi quatre mois auparavant.

Trois bouts de ficelle

À la fin des années 1980, à la Bac, nous disposions des moyens les plus rudimentaires. Une voiture, une radio, un flingue. Point barre. Alors pour assurer correctement nos missions, nous avions appris à bricoler avec trois bouts de ficelle. Pas le choix. Faute de véritables oreillettes Bluetooth, comme à la Brigade des stupéfiants, qu'on appelle plus couramment les stups, à la Brigade de répression du banditisme (BRB) ou aux Renseignements généraux (RG), nous avions notamment eu l'idée d'adapter des écouteurs de walkman sur nos radios Ramsès afin de pouvoir communiquer plus discrètement sur une planque ou une filoche. Alain, électromécanicien de formation, est devenu un véritable expert dans cette spécialité.

Cette fin d'après-midi d'hiver 1989, il est justement en pleine opération chirurgicale lorsque Philippe et moi débarquons dans le bureau. Tournevis de bijoutier-horloger à la main, il semble totalement absorbé par sa tâche.

– Putain de boîte ! peste-t-il, sans même s'apercevoir de notre présence. Même pas capable de nous fournir du bon matos ! Ah, pour nous dire de faire du chiffre, ça, y a du monde, mais pour nous équiper en conséquence, là, c'est une autre paire de manches !

Philippe me jette un regard amusé.

– C'est parce que les patrons savent qu'ils ont dans leurs

effectifs des mecs comme toi, habiles de leurs dix doigts, lancé-je, avec un large sourire.

Alain relève le nez, apparemment peu convaincu par ma réponse.

– N'empêche. La prochaine fois que tu iras dans le bureau du taulier, n'hésite pas à lui rappeler que, du crâne, on sait faire, à condition d'avoir le matériel adéquat !

Quelques manipulations supplémentaires, puis Alain est enfin satisfait.

– Et voilà le travail, Messieurs ! Allez, on file dehors faire un essai !

Nous enfilons surblouson, écharpe et gants et partons dans la rue Jean-Bart.

– Tenez, les gars, nous fait Alain, en nous tendant fièrement ses dernières créations. Mettez-vous tout au bout, de ce côté. Moi, je me poste au croisement avec la rue de Fleurus.

Nous nous éloignons... Très vite, le froid glacial me pénètre jusqu'à la moelle. Mon esprit s'évade. Je repense à mon tout premier séjour en classe de neige à Saint-Jean-de-Sixt, un petit village situé au cœur du massif des Aravis, en Haute-Savoie. J'avais 11 ans et je découvrais avec ravissement la magie de la montagne, ses massifs vallonnés, ses forêts enneigées... « Daniel de Alain », crachotte soudain ma radio. « Oui, je te reçois 5 sur 5. » Même test avec Philippe. Impec'. Et Alain de reprendre tout excité : « Allez, les gars, on se bouge maintenant. La chasse aux bandits n'attend pas ! » Lozérien au tempérament sanguin, il est devenu obsédé par la culture du chiffre. À chaque prise de service, il compulse la main courante et comptabilise avec anxiété les affaires conclues par l'autre équipe, dans le but évidemment de la surclasser. Nous réglons nos radios sur une fréquence réservée sur laquelle seuls nous trois pouvons communiquer et partons tranquillement vers le boulevard Saint-Germain.

Alain et moi marchons légèrement en décalé sur le trottoir de droite, Philippe sur le trottoir d'en face. Un moyen de garder une soupape de sécurité si l'un de nous était détronché. Vu le monde qui emplit les rues à cette heure de la journée, il faut jouer serré pour ne pas se perdre de vue. Nous arpentons le Quartier latin de long en large, mais aucun brigand en vue. Je me remémore alors les propos du formateur au dernier stage de mise en situation : « Lorsque vous êtes sur le terrain, pensez toujours à vous situer : quand vous êtes à la recherche d'un suspect, vous êtes en vert ; quand vous repérez un individu louche, vous êtes en orange, et quand vous procédez à une interpell', vous êtes en rouge. » Dans le cas présent, pas de doute, nous sommes en ultra-vert !

Soudain, à l'angle du boulevard Saint-Germain et de la rue du Four, Alain stoppe net. On dirait un chien venant de repérer une perdrix. Il fait volte-face, me cherche du regard mais, bien qu'à cinq mètres de moi, ne me voit pas. J'ai envie de rire, mais il me parle dans l'oreillette : « Regarde au métro Mabillon. » Je pivote d'un quart de tour… Eddy ! Un malfrat âgé d'une trentaine d'années, notoirement connu pour des casses de magasins et des vols en tout genre. Gitan sédentaire logé, nourri, blanchi par sa mère, il a dû passer près d'un quart de sa vie derrière les barreaux. Philippe se met en surveillance devant la banque BNP, tandis qu'Alain et moi entrons au bistrot Mabillon. Nous nous installons à l'une des tables près des vitres et observons Eddy, qui fait nerveusement les cent pas devant l'entrée du restaurant Léon de Bruxelles, les yeux rivés sur sa montre.

Pas besoin de donner la marche à suivre à Philippe ; il a parfaitement compris la manœuvre. Il est le seul à ne pas être connu d'Eddy… et donc le seul à pouvoir le filer sans risquer de se faire repérer. Avec des individus aussi vifs et roublards, mieux vaut prendre toutes les précautions. S'ils nous grillent, ils peuvent nous sortir toute la panoplie des coups de sécurité et autres demi-tours pour échapper à notre vigilance.

– Il attend peut-être une fille, murmure Alain.

– Aucune chance, rétorqué-je, sûr de moi. Il n'aime que les garçons. Tu ne te souviens pas, la dernière fois, à côté des jardins de l'Observatoire ? Nous l'avions surpris dans une voiture avec un mec, le slip et le pantalon sur les chevilles...

Finalement, au bout d'un quart d'heure, un jeune homme, cheveux châtains, élancé, sort du métro et vient à sa rencontre. Ils échangent quelques mots et s'engouffrent tous les deux dans la bouche de métro. Branle-bas de combat ! Interdiction de les perdre. Philippe part devant, Alain et moi suivons derrière. Je glisse un mot à Philippe dans l'oreillette, pas de réponse. En fréquence réservée, la communication est très vite limitée. Nous patientons quelques instants sur le quai de la ligne 10, puis le métro arrive. Philippe monte dans le premier wagon avec Eddy et son acolyte, Alain et moi dans le deuxième. Arrivés à Cluny-la Sorbonne, deux stations plus loin, nous nous mêlons à la foule et regagnons la surface. Instantanément, nos radios se remettent à fonctionner. Nos deux gaillards marchent bille en tête en direction de la place Saint-Michel. Ils se retournent à plusieurs reprises pour s'assurer de ne pas être pistés puis, une fois passé la fontaine, s'élancent dans la rue Saint-André-des-Arts. Philippe, heureusement, se montre suffisamment habile pour les garder sans jamais se faire flairer. Quelques mètres avant la rue Séguier, les deux individus ralentissent leur marche.

– Préparez-vous, nous indique aussitôt Philippe à la radio.

À notre plus grand étonnement, leur cible n'est ni un pub, ni une brasserie, ni un bureau de tabac, généralement assez fournis en liquidités, mais un marchand de livres anciens, sur le point de fermer sa boutique. Sacoche à l'épaule, le commerçant sort son trousseau de clés, verrouille sa porte, baisse sa grille et tourne dans la rue Séguier. Discrètement, nos deux compères lui emboîtent le pas.

– Ils vont le faire, ils vont le faire... s'emballe Philippe.

Pour assurer nos arrières, Alain et moi décidons de faire le tour par la rue Gît-le-Cœur.

– Ça y est, ils ont tiré le sac ! nous prévient soudain Philippe. Ils viennent de passer l'angle et se dirigent tout droit vers Saint-Michel !

Venez, venez, mes petits loulous, pensé-je en courant vers eux. Nous avons juste le temps de nous cacher sous un porche lorsque nous voyons déboucher la silhouette d'Eddy et de son comparse, marchant à bonne allure.

– Occupe-toi du complice. Je me charge d'Eddy, annoncé-je à Alain.

Les deux truands n'y comprennent rien. En deux temps trois mouvements, Alain plaque le grand dadais au sol tandis que je ceinture fermement Eddy.

Au cours de l'audition, le second larron révéla qu'Eddy avait en fait été tuyauté par un voisin. Il avait prévu de voler le sac contenant des pièces anciennes de valeur puis de le remettre au commanditaire en échange d'une coquette commission. Déféré devant la justice avec son acolyte, Eddy fut retrouvé mort un an plus tard dans un véhicule en banlieue. Abattu de deux balles dans le ventre.

Les coulisses de la mort sous X

Une chaleur moite et pesante m'enveloppe de ses deux bras. Ce mercredi après-midi de juillet 1990, le ventilateur tourne à plein régime dans le bureau. Je regarde la pendule accrochée au-dessus de la porte. 14 h 50. Dans dix minutes doit débuter ce qu'on appelle le chevauchement de brigade, un créneau d'une heure et demie durant lequel les effectifs sont doublés pour faire face au pic de la criminalité. La seconde équipe ne devrait donc plus tarder. Ah, quand on parle du loup... Philippe, François et Loïc surgissent tout juste. Je leur serre la pogne et leur transmets les consignes de la journée. À partir de maintenant, nos chemins se séparent. Eux se concentreront sur le secteur de Montparnasse, tandis que nous nous chargerons de la zone Saint-Germain-Saint-Michel.

– Allez, en route, lancé-je à Alain et David, en m'engageant dans le couloir, avec les clés de la R19.

Nous roulons, tournons, virons. Ni tireur, ni frotteur, ni dealer. Insidieusement, la fatigue s'empare de moi. Et la température caniculaire qui règne dans l'habitacle n'arrange rien. Je me sens oppressé. J'ai besoin d'air.

– Ça vous dit de passer en mode pédestre ? proposé-je, en essuyant avec un Kleenex les gouttes de sueur qui perlent sur mon visage. On étouffe ici...

Alain et David, qui ont aussi les joues pivoine, acquiescent.

Nous posons notre Renault place Saint-Michel et mettons aussitôt le cap vers les quais qui offrent toujours davantage de fraîcheur. Ouf, je me sens mieux !

– Alors tu vas goûter le bon air de Perpignan ? fais-je à David.

– Oh, là, là, ne m'en parle pas, dramatise-t-il. J'ai dû tout annuler. Ma belle-doche s'incruste pendant trois semaines à la maison. Bonjour les vacances !

À voir la mine déconfite de David, Alain et moi sommes pris d'un irrépressible fou rire. La plaisanterie dure quelques secondes, puis Alain se fige. Son regard est tourné vers les quais où un attroupement s'est formé.

– Il se passe quelque chose, nous signale-t-il.

En face, entre deux bouquinistes, une dizaine de personnes sont agglutinées au parapet, les yeux braqués vers la Seine. Nous détalons. Je sors ma brème.

– Quelqu'un vient de se jeter à l'eau ! m'explique une demoiselle, le timbre chevrotant.

Un couple confirme à son tour.

– Nous nous baladions tranquillement sur les quais quand tout à coup le jeune homme qui marchait devant nous s'est arrêté et a descendu un à un les barreaux de l'échelle qui donne accès à la Seine. Nous l'avons supplié de remonter. Il a relevé la tête mais semblait ailleurs. Il a plongé et nous ne l'avons plus revu.

– Cela fait combien de temps ?

– Dix bonnes minutes...

– Aïe ! Il faut faire vite. Les chances de survie sont minces...

– TN 06 de Bac 06. Noyade en cours au niveau du pont Saint-Michel. Dépêchez vite les secours.

Un témoin avait déjà dû donner l'alerte car moins d'une minute plus tard vrombissent les moteurs des Zodiac de la Brigade fluviale. Un service spécialisé de la préfecture de police créé à l'occasion de l'Exposition universelle de 1900 pour faire respecter la réglementation sur la navigation et porter assistance à des personnes ou des embarcations en difficulté sur les 3 400 km de voies d'eau que compte l'Île-de-France. Équipés de parkas, cagoules et bouées, les agents de la fluv' s'enquièrent d'où la victime a sauté puis s'équipent pour plonger. Combinaison, gilet, masque, détendeur, et les voilà qui disparaissent sous l'eau. Ils connaissent tellement bien les lignes de courant du fleuve qu'ils sont capables d'évaluer où le corps a dérivé.

David, Alain et moi scrutons la surface de l'eau avec anxiété. Tandis que les sirènes du Samu déchirent le ciel, la radio nous informe qu'un car de police-secours est en route avec deux fonctionnaires à bord. Je retourne voir le couple de témoins pour compléter la description du disparu : âgé de 25-30 ans, blond, portant une chemise blanche et un pantalon gris foncé. Oh, bon sang ! Un corps vient justement de remonter à la surface. Le visage dans l'eau, la chevelure flottante et les bras en croix : la position typique du noyé. Je retiens ma respiration. Nos collègues de la fluviale ramènent la victime près de leur canot, la remontent à l'aide d'une gaffe, puis l'évacuent vers la berge. L'équipe du Samu prend le relais, tandis que David et Alain établissent un périmètre de sécurité.

Après quinze minutes de massage cardiaque externe, l'équipe de secouristes nous regarde résignée. C'est fini. Une demi-heure plus tard, l'OPJ de service arrive pour entendre les témoins et faire les constatations. Mais l'identification du macchabée se révèle impossible : il n'a ni carte d'identité, ni carte de crédit, ni carte orange. Ses effets personnels se résument à une simple chaîne en or. L'OPJ procède ensuite à l'examen externe du cadavre. Visage cyanosé, yeux exorbités, peau ansérine, poumons violacés, il présente tous les signes de la noyade. Le diagnostic doit toutefois être confirmé par une autopsie approfondie à l'institut médico-légal (IML), situé près du pont d'Austerlitz, dans le XIIe arrondissement.

Une fois l'autorisation de transport en poche, l'équipe de police-secours déployée sur place pose la dépouille sur un brancard, la recouvre d'une housse mortuaire et, avec l'aide des plongeurs de la fluviale, la charge à l'arrière du car.

– Nous ne pouvons pas manipuler un macchabée à deux, se plaint Samuel, l'un des deux collègues. Il nous faut une personne en renfort !

David et Alain me font leurs yeux de chien battu. Je me résigne et me porte volontaire. J'ai beau contrôler mes émotions, la présence du défunt à mes pieds me remplit d'un sentiment étrange. Et dire qu'il y a encore une heure ce type était debout sur ses deux jambes. La vie ne tient vraiment qu'à un fil !...

Collé derrière la vitre, j'aperçois enfin la silhouette du bâtiment. Une sinistre bâtisse en briques rouges lovée entre la Seine et le métro aérien où sont pratiquées quelque 3 200 autopsies chaque année. Samuel s'arrête juste devant les grilles. Il sort de sa poche le consignon, le billet remis par la PJ pour identifier le cadavre, et appuie sur la sonnette. Un vieux cerbère en blouse blanche vient nous ouvrir.

Nous n'avons pas franchi le pas de la porte qu'une terrible odeur de mort imprègne déjà l'air. En déposant la housse mortuaire sur l'une des tables en aluminium qui trônent au milieu de la pièce, Samuel a l'estomac retourné. Juste à côté, un cadavre est éventré comme un poulet. Son abdomen est entièrement vidé de ses viscères et sa calotte crânienne posée sur sa poitrine. Je laisse mon jeune collègue reprendre ses esprits et m'aventure dans l'arrière-salle pour récupérer le bon signé par le médecin. Une enfilade de cases individuelles réfrigérées se déroulent devant moi. Deux cent trente-deux au total ! Mon regard tombe soudain sur quatre dépouilles nues regroupées dans une petite pièce sur la droite en attendant d'être autopsiées. Une femme, un homme et deux gamins d'origine africaine. Dieu sait si j'en ai vu des macchabées dans ma carrière, mais la vision d'un enfant mort est une chose à laquelle on ne s'habitue jamais.

« Intoxication au monoxyde de carbone, m'indique le médecin en me tendant le fameux bout de papier. Une chaudière mal entretenue, ça ne pardonne pas... » Je le salue et me dirige rapidement vers la sortie. J'ai eu ma dose de morts pour aujourd'hui ! J'ai hâte de rentrer chez moi prendre une douche. Je me sens sale. Au dîner, je laisse mes enfants me raconter leur journée d'école puis, entre le fromage et le dessert, demande de but en blanc à mon épouse :

– Il y a combien de temps que nous avons fait réviser la chaudière ?

– Pourquoi tu me demandes ça ?

– Pour rien, pour rien, lui fais-je simplement, en regardant mes gosses.

La main baladeuse

On le surnomme Barbelivien à cause de ses cheveux courts devant et longs derrière. Évidemment, il déteste ça. Toujours habillé d'un blouson Avirex et rasé de près, Olivier attache beaucoup d'importance à son look. Ce qui ne l'empêche pas par ailleurs d'être un bon flic. Ses principales qualités ? L'endurance, le sang-froid et le flair. Ce jour de 1990, lors d'une patrouille en pédestre, il repère un individu suspect en haut de la rue de Rennes. Pantalon habillé, chemise blanche, mocassins, le trentenaire très élégant multiplie les allers et venues au niveau du McDo. Il entre, il sort, il entre, il sort, dans un ballet incessant. Olivier s'approche pour mieux voir, puis il me fait signe de rester en retrait à l'arrêt de bus tandis que lui pénètre à l'intérieur. En cette fin d'après-midi, il n'y a pas foule dans le restaurant. Olivier a tout le loisir de s'installer où il veut. Pour avoir une vue d'ensemble, il s'accoude, debout, à une table à proximité de l'entrée. Le gars prend la queue, fait comme s'il allait commander et au dernier moment rebrousse chemin. Olivier ressort et traverse la rue à ma rencontre. Pour lui, pas de doute : le zigue cherche bel et bien quelque chose, un sac à main de femme ou autre objet de valeur. On décide de se mettre en position d'attente dehors, de part et d'autre du trottoir, et de le cueillir à sa prochaine sortie.

Plusieurs clients quittent les lieux, un hamburger ou un

cornet de frites à la main. Pas notre homme. Je le cherche du regard. Il vient de s'installer au milieu de la deuxième rangée de tables. Avec un flegme déconcertant, il enlève sa veste et fait semblant d'attendre quelqu'un. Derrière lui, un monsieur décharné d'un certain âge, cheveux gris, manteau marron clair posé sur le dossier de sa chaise, plaisante avec son petit-fils âgé de 7 ou 8 ans, pas plus. Le filou en profite pour reculer discrètement son siège jusqu'à celui du grand-père, qui est trop captivé par son petit-fils pour se rendre compte de quoi que ce soit. De là où nous sommes, impossible de voir précisément ce qui se passe. Il nous faut bouger. Olivier se poste dans l'entrée, moi un peu plus loin sur le trottoir. Une serveuse en tee-shirt jaune et tablier noir se faufile entre les tables avec une éponge. Soudain, je vois le pickpocket glisser la main droite dans la poche droite de sa veste, avant de la reculer subrepticement vers l'arrière pour soupeser celle du vieil homme. Apparemment rien d'intéressant, puisqu'il change tout de suite de côté. Toujours rien. Mais le barboteur n'est visiblement pas du genre à renoncer aussi vite. Déterminé, il remonte la main pour tâter l'intérieur du pardessus du papi, et là, bingo ! Il sent un portefeuille. Sans hâte, il glisse de nouveau sa paluche dans le manteau pour le chiper. Je fais signe à Olivier que le pickpocket a opéré et qu'il ne devrait pas tarder à sortir. Olivier le prend en charge, le temps que j'aille prévenir la victime. Incrédule, le septuagénaire vérifie ses poches et s'aperçoit que son larfeuille a effectivement disparu. « Ne bougez pas, Monsieur, lui dis-je d'une voix rassurante. On arrête le voleur et on revient, d'accord ? »

À peine sorti, j'aperçois Olivier à l'entrée de la place du 18-Juin. Il me fait signe ; j'accours. Le chapardeur vient de pénétrer dans un immeuble en accès libre la journée. On n'attend pas qu'il sorte. À peine entrés, on tombe sur le roublard accroupi par terre, en train de faire le tri dans le portefeuille : à droite, un petit tas avec la carte bleue et les numéraires ; à gauche, les cartes de fidélité, photos de famille et autres documents sans valeur. « Police ! » annoncé-je d'une voix tonitruante. L'homme lève la tête, surpris. « Tu sais pourquoi on est là ? » Il a beau être pris sur le fait, notre client prétend avoir trouvé le larfeuille par terre. « Inutile de chiquer. On t'observe depuis le début. La partie est terminée. »

Le truand reconnaît les faits, sans plus de résistance. Olivier le menotte et lui fait une palpation. Rien. Je retourne voir le petit vieux, le portefeuille à la main. « Est-ce bien le vôtre ? Voulez-vous porter plainte ? » demandé-je. Comme la réponse est oui, j'appelle un véhicule pour emmener le monsieur et son petit-fils au commissariat. À peine arrivé, Olivier commence à tapoter sur l'ordinateur pour rechercher les antécédents du suspect. Sans surprise, il découvre que le trentenaire très propre sur lui a déjà été mis en cause dans plusieurs affaires similaires. Lors de la fouille à corps, Olivier et moi retrouvons, dans un porte-cartes glissé dans la poche arrière de son pantalon, six billets de 200 francs (30,50 euros) et cinq cartes bleues avec des noms différents. « Où les avez-vous trouvés ? » le cuisine Olivier. Il chique. Je hausse le ton. « Tu peux chiquer. L'OPJ finira bien par retrouver les propriétaires. Tu seras alors confondu et accusé de recel, un délit qui est passible de la même peine qu'un vol. » Le bougre craque. Pour la énième fois, il sera mis en garde à vue et déféré.

Freddy la balance

Mercredi soir. Début de service. Je sirote un café dans mon bureau avec deux collègues, Olivier et Jean-Marc, lorsque le central de radio me passe une communication. Un certain Freddy. Tout de suite, ça fait tilt dans ma tête. Il s'agit d'un rasta guadeloupéen de 28 ans, qui collabore depuis longtemps avec la Brigade des stups.

– J'ai un plan pour toi, annonce-t-il, d'entrée de jeu, sur un ton triomphant. Avec pas mal de poudre en jeu...

Pourquoi me file-t-il l'info à moi ? Freddy perçoit tout de suite mon incompréhension ou mes doutes.

– La dernière fois, tes collègues m'ont fait une entourloupe, se justifie-t-il.

Aussitôt, les idées se bousculent dans mon esprit. Une belle affaire de drogue, ça ne se présente pas tous les jours. Sauf que marcher sur les plates-bandes des autres services, c'est très mal vu... Tant pis, je renonce.

– Si cinq cents grammes de coke, ça ne t'intéresse pas, pas de souci, je raccroche, ricane-t-il.

Face à de tels arguments, je craque.

– Ok, envoie...

Entre 17 heures et 19 heures le lendemain, un Maghrébin bien sapé, dénommé Aziz, viendra livrer la came dans une chambre de l'hôtel Le Clos Médicis, rue Monsieur-le-Prince. En taxi bien sûr, pour éviter tout contrôle de la police ou de la douane. Si je marche avec lui, on se retrouvera à 16 h 30 dans un lieu qui me sera confirmé plus tard par téléphone.

Je raccroche. Et aussitôt mes doutes refont surface. Mais je prends conseil auprès de mes coéquipiers, tous sont prêts à me suivre. Le soir suivant, juste avant la prise de service, je fais un crochet par la rue Monsieur-le-Prince pour analyser la configuration des lieux : la circulation s'effectue à sens unique, le café juste en face offre une vue imprenable sur l'entrée de l'hôtel. Deux bons points.

16 h 30. Patrice, Olivier, Jean-Marc, Philippe et Jean-Pierre m'attendent au commissariat, impatients. Café, briefing. Le téléphone sonne. C'est Freddy. « Rendez-vous dans cinq minutes au théâtre de l'Odéon. Seul à seul. » En route ! Chemise à fleurs sur pantalon large, dreadlocks, chapeau, Freddy m'attend, l'air impassible. Comme pour me convaincre une fois pour toutes, il m'offre encore quelques biscuits : la came, venue tout droit de Saint-Denis, va être livrée à un Asiatique puis revendue dans le XIIIe arrondissement. Le scénario paraît cohérent.

– Et tu veux quoi en contrepartie ?

– Que tes potes des stups sachent que je t'ai donné l'affaire, rien de plus.

Marché conclu. Une fois regagné mon véhicule, je demande à mon équipe de me rejoindre au bar en face de l'hôtel. Pour ne pas attirer l'attention, nous prenons nos quartiers à l'étage, à l'abri des regards, le temps d'établir notre stratégie. Olivier, Jean-Pierre et moi resterons en planque ici tandis que Philippe, Patrice et Jean-Marc prendront position dans le hall de l'immeuble à côté, qui dispose d'une porte d'entrée ajourée. Objectif ? Interpeller le premier blaireau en bas de la rue une fois la livraison effectuée et cueillir le second quand il quittera l'hôtel avec la coke. En espérant qu'un intermédiaire surprise ne s'invitera pas au dernier moment dans l'échange, sinon on est cuits !

Pendant une heure et demie, les passants se croisent devant l'entrée, plusieurs taxis s'arrêtent, mais personne ne correspond à la description. Freddy m'aurait-il berné ?

20 h 05. Un gros taxi Peugeot noir stoppe sur le trottoir d'en face. En sort un Maghrébin qui tient, à la main, une serviette en cuir marron. Je retiens mon souffle. Il s'engouffre à l'intérieur. On attend. Cinq minutes, dix minutes… Au bout de vingt bonnes minutes, il réapparaît derrière la porte coulissante vitrée. Mes collègues en planque à côté le laissent s'éloigner de quelques mètres, puis le sautent et le transfèrent aussitôt au commissariat.

Bon. On a remporté la première manche. Mais la partie est encore loin d'être gagnée, je le sais. Je reste concentré, convaincu que le second larron ne va pas attendre la nuit, quand la rue est trop paisible, pour sortir. J'envoie Olivier, le plus athlétique d'entre nous, flâner discrètement près des commerces pour pouvoir choper le dealer plus rapidement, le moment venu.

Vers 21 heures, un nouveau taxi fait halte devant l'hôtel. Dans le hall, j'entraperçois un Asiatique en sportswear, un petit sac de voyage à l'épaule. Sa main est déjà posée sur la portière arrière lorsqu'Olivier s'interpose. Agile comme un chat, l'homme réussit néanmoins à se faufiler vers l'arrière de la Mercedes et à prendre la fuite, en direction de la rue de Vaugirard. Gymkhana parmi les voitures, course-poursuite jusqu'à la place de la Sorbonne… Et puis on le perd de vue. Je fulmine. Hors de question qu'il nous échappe ! Je décide de laisser Olivier continuer par la rue Legoff et de remonter, moi, par le boulevard Saint-Michel. Bingo ! L'homme vient dans ma direction. Tout juste le temps de me planter incognito devant le menu d'une terrasse de café et le voilà à ma hauteur. Sans ménagement, je l'agrippe par le bras et le plaque au sol, mais une douleur aiguë me vrille le bas-ventre. Dans la chute, mes testicules ont heurté le dossier d'une chaise. Je souffre le martyre mais je dois procéder immédiatement à la fouille. J'ouvre le sac avec anxiété. Et si on ne retrouvait rien dedans ? Un baladeur, un paquet de gâteaux, des vêtements... et, au fond, un sac en plastique opaque avec la came emballée dans du gros scotch marron. C'est bon, on peut plier les gaules.

L'affaire a déjà fait le tour des services alors que je m'installe au calme dans le bureau pour dresser le PV de saisine, toujours plié de douleur. La sonnerie du téléphone retentit : un officier des stups. Il ne manquait plus que ça ! « Mais putain, Bourdon, c'est pas de votre ressort ! » aboie-t-il dans le combiné. Je le laisse déverser sa litanie sans réagir. Mon esprit est ailleurs. En quelques heures, mes bourses ont doublé de volume. Dur au mal ou inconscient, j'attendrai tout de même deux jours pour me pointer aux urgences. Le verdict est sans appel : je risque l'ablation d'un testicule. Heureusement, après une semaine de traitement, tout rentre dans l'ordre.

Sur les chapeaux de roue

La nuit vient de tomber sur la rue de Vaugirard. Le jardin du Luxembourg est sur le point de fermer ses portes. Dans la pénombre, je distingue une silhouette familière : Gérard, un collègue affecté depuis bientôt deux ans à la sécurité extérieure du Sénat. Jean-François met son clignotant et s'arrête le long du trottoir pour le saluer. Tout en bavardant, j'écoute toujours d'une oreille le Storno. Un appel général vient d'être lancé. Un jeune homme sur un Piaggio blanc est recherché pour avoir commis un vol à l'arraché, place d'Italie, dans le XIIIe arrondissement. Trop loin pour nous. Nous reprenons tranquillement le cours de notre discussion. Brusquement, Jean-François s'interrompt : un deux-roues correspondant au signalement vient de nous dépasser à vive allure. Je hoche la tête en signe d'acquiescement. Jean-François tourne la clé de contact et se lance à sa poursuite. Je colle le bleu sur le capot et annonce la chasse sur les ondes. Nous passons la rue Garancière, la rue Servandoni. Nous voilà quasiment au point mort à l'angle de la rue Férou. Je peste. Le scooter commence à nous distancer sérieusement. On n'a plus le choix. Si on veut rester dans la course sans mettre en péril la sécurité des piétons et des autres automobilistes, il faut laisser de côté la discrétion et enclencher le deux-tons. Au son de la sirène, le suspect se retourne et, paniqué, fait une embardée sur la droite, rue Bonaparte. D'une minute à l'autre, il va passer devant le commissariat. Mes collègues au poste le savent, puisqu'ils surveillent le trafic radio. L'un d'entre eux se précipite dehors et, dans un élan de hardiesse, essaie de choper le fuyard par le blouson lorsqu'il ralentit pour tourner au coin de la rue de Mézières. Raté ! Ragaillardi, l'arracheur enchaîne les infractions au Code de la route pour nous échapper, mais nous ne lâchons pas l'affaire. Les choses se gâtent lorsqu'il prend la rue du Sabot, perpendiculaire à la rue de Rennes. Non seulement l'allée est exiguë et pavée, mais en plus elle abonde de piétons. Nous sommes contraints de ralentir. Résultat : nous perdons sa trace. Une dernière tentative, boulevard Saint-Germain. Sans résultat.

La mort dans l'âme, j'informe la station directrice que nous décrochons. Un silence pesant règne alors dans la voiture. Même quand on a quinze ans de boutique, il faut accepter de laisser filer un suspect, mais cet échec nous déplaît. Nous reprenons notre ronde rue d'Assas et puis, au carrefour avec la rue de Vaugirard, quelle n'est pas notre surprise lorsqu'on voit réapparaître notre fugitif, au feu rouge ! Cette fois, nous n'allons pas laisser passer notre chance. En moins de temps qu'il faut pour le dire, David s'extirpe de notre Citroën AX et fonce droit sur lui pour l'interpeller. Plus que cinq mètres, le gars ne s'est toujours rendu compte de rien. Soudain, il tourne la tête et croise le regard de David. Acculé, il laisse tomber son scooter, moteur allumé, en plein milieu de la chaussée et s'enfuit dare-dare dans la rue d'Assas. Dans l'instant, Jean-François démarre. Un petit coup d'accélérateur et une poignée de secondes plus tard, nous l'avons déjà rattrapé. Arrivé à sa hauteur, je saute du véhicule pour l'arrêter. Cette fois, je l'ai et je le garde ! Pendant que je le menotte, je crie à David, toujours à pied, de ramasser le 125 qui entrave la circulation et de le ramener au commissariat. Soulagé, je relève tranquillement l'identité du suspect quand un crissement de pneus sur le macadam me fait sursauter : le pauvre David court comme un dératé à côté du scooter en s'agrippant aux poignées de l'accélérateur comme la bernique à son rocher. Je ne peux refréner mon fou rire. La scène est burlesque ! Soudain, l'engin se cabre. David essaie de freiner, mais en vain. À cet instant, j'ai peur de savoir comment cela va finir… Impuissant, le pauvre David lâche prise. Lancé à pleine vitesse, le deux-roues termine sa course dans la vitrine d'un café aux grilles heureusement baissées à l'angle de la rue. Sous les sifflets, les rires et les huées des passants, David voit rouge derrière ses petites lunettes rondes. « Circulez, y a rien à voir ! »

– Vous avez bien fait de nous appeler, le rassuré-je, en m'engageant à l'intérieur.

Aussi nombreux que soient les clients, je n'ai aucun mal à repérer l'élément perturbateur. 35 ans, cheveux bruns gominés à l'italienne, il porte un kimono façon Bruce Lee. Nous nous approchons en tapinois.

– Bonjour Monsieur, l'aborde doucement David, en restant sur ses gardes. Nous sommes de la police. Comment allez-vous ?

Le type ne réagit pas. Effectivement, tout ne semble pas parfaitement rangé dans les tiroirs ! Je m'aperçois à cet instant que l'homme présente une entaille de trois centimètres à la main. Des taches de sang maculent le sol. Je tente à mon tour d'établir la communication.

– Avec quoi vous êtes-vous blessé ?

L'homme relève la tête et, tout en désignant le couteau à côté de son assiette, me répète plusieurs fois avec conviction : « Un ninja ne souffre pas. Un ninja ne souffre pas. » Cette fois, c'est sûr, notre karatéka est bon pour l'I3P.

– Monsieur, vous allez venir avec nous, lui dis-je, en lui tendant la main.

– Où ça ? J'ai pas envie, moi !

Tout en continuant à négocier avec le gars, j'écarte un à un tous les objets dangereux : couteau, fourchette, verre... Je m'attends à devoir recourir aux moyens de coercition mais le déglingo, aussi étrange qu'imprévisible, finit par nous suivre de bon gré. Cela ne me rassure pas pour autant. Ce genre d'énergumène peut démarrer au quart de tour. Il faut veiller au grain. Grand seigneur, David se place devant Valérie pour la protéger d'un éventuel mauvais coup. Je m'éloigne de quelques mètres et, la bouche collée à la radio, demande un car pour un transport. Réponse de TN 06 : « La police-secours est déjà engagée. » Ce qui signifie, entre les lignes, « débrouillez-vous » ! Je ne lâche pas le morceau.

– Notre suspect n'est pas un client comme les autres, renchéris-je en forçant légèrement le trait pour obtenir gain de cause. Il présente de graves troubles du comportement.

– Bon, je vous envoie un car de service général.

Je préfère ça. La réglementation est très stricte : pour des questions de sécurité, seuls les véhicules de type cars ou fourgons sont habilités à embarquer des personnes aliénées ou dangereuses... Dix minutes s'écoulent. Le J9 bleu marine et blanc, armé par deux flics de la brigade, Dominique et Marie, s'arrête devant le restaurant.

– Il faut le faire auditionner par le commissaire de permanence, au central, pour un placement temporaire à l'I3P, leur exposé-je. Mais, avant, prévoyez un crochet par l'hôpital Cochin. Il faut faire soigner sa blessure à la main.

– Moi je veux bien, rétorque Dominique, un grand costaud d'un mètre quatre-vingt-dix avec dix ans de bouteille. Mais le hic, c'est qu'il nous manque une personne pour assurer le transport...

Je jette un clin d'œil discret à Marie, sa collègue, mon petit rayon de soleil du moment.

– Dans ce cas, je vous accompagne.

Dominique prend le volant. Marie et moi grimpons à l'arrière avec l'hurluberlu. Pendant tout le trajet, il se montre étrangement calme. J'en profite pour caresser Marie du regard. Je meurs d'envie de l'étreindre sur ma poitrine. Rue du faubourg Saint-Jacques. Nous y sommes... Par précaution, Marie va jauger le délai d'attente aux urgences mais, hélas, Dominique n'attend pas qu'elle revienne. Il ouvre les portes arrière du J9 et fait descendre le pseudo-ninja, qui soudainement lui assène un coup de pied dans la cage thoracique. Malgré son gabarit de déménageur, notre collègue tombe comme une mouche, K.-O. Le regard empli d'une fureur effrayante, le voilà qui s'en prend maintenant à moi. Il tente de m'atteindre avec son pied droit mais me manque. Entraîné par son élan, il tombe sur la banquette arrière du car. C'est l'occasion de reprendre le dessus. Je le plaque, il se débat. Pour arriver à l'immobiliser, je suis obligé de lui administrer une série de claques. Son corps se ramollit... jusqu'à devenir une poupée de chiffon. Je relâche la pression : l'homme a fait un malaise. Je panique. M'égosille. Enfin, Dominique revient à lui.

– Qu'est-ce qui se passe ? me presse-t-il tandis que Marie nous rejoint.

Je leur explique la situation en deux mots et Dominique s'excuse.

– Tu t'excuses de quoi ? m'emporté-je. Tu n'y es pour rien ! Au lieu de raconter des conneries, va plutôt chercher un fauteuil roulant à l'accueil.

Tant bien que mal, nous installons Bruce Lee bis sur le siège. Toujours aucune réaction. Je sens le sol se dérober sous mes pieds, paniqué à l'idée que mes quelques claques aient pu déclencher quelque chose de grave... Nous courons dans le hall jusqu'à l'interne en blouse blanche qui nous attend. Je lui plante le décor en quelques mots lorsque, tout à coup, le malade reprend connaissance. Je suis délesté d'un poids. Brièvement. À peine éveillé, le fou furieux se remet à taper dans tous les sens et à hurler... Eh bien, il ne tarde pas à se remettre en selle ! Une piqûre dans la fesse a tout de même raison de son agitation. Nous pouvons le ramener au central de police. À la suite de son audition avec le commissaire de permanence, le déglingo est interné à l'I3P pendant quarante-huit heures... Avant d'être finalement relâché dans la nature.

Meurtre au cinquième étage

Intervenir sur un cambriolage en cours répond à un protocole bien précis. Il faut veiller à ne jamais se garer juste devant l'adresse indiquée, analyser rapidement la configuration des lieux, observer toutes les personnes que l'on croise – le cambrioleur peut très bien se mêler aux passants pour prendre la fuite tranquillement – et surtout toujours prendre garde à sa propre sécurité car les voleurs peuvent être armés. Ces réflexes ne s'acquièrent qu'au terme de nombreuses années d'expérience. C'est la raison pour laquelle je m'astreins à répéter à mes hommes la marche à suivre avant chaque opération de la sorte.

Il en est encore ainsi ce jour de janvier 1992 lorsque le Storno nous dirige sur un cambriolage au 82, rue du Cherche-Midi. Dominique et David, qui m'accompagnent, doivent avoir l'impression que je radote mais ils n'osent pas piper mot. Ils savent que je fais mon boulot. Dominique se concentre sur sa conduite. Assis sur le siège passager, je pose le bleu sur le toit et actionne le deux-tons. Évidemment, je prendrai soin de le couper bien avant d'arriver sur les lieux afin qu'on ne se fasse pas renifler.

Nous y sommes. Je m'annonce sur place au central et me dirige vers le hall de l'immeuble avec mes gars. Rien de spécial à signaler. Le bâtiment est calme en ce début d'après-midi. En bon pro, David a le réflexe de presser le bouton de l'ascenseur afin de le bloquer au rez-de-chaussée. À cet instant, la concierge, une femme au fort accent portugais, se présente à nous.

– Messieurs, nous salue-t-elle poliment. J'ai aperçu vos brassards de police à travers la fenêtre de ma loge. C'est moi qui ai appelé le commissariat. En faisant le ménage dans la cage d'escalier tout à l'heure, j'ai trouvé la porte d'un des locataires du dernier étage entrouverte.

– Avez-vous vu quelqu'un descendre ? demande David.

– Non, mais j'ai cru entendre du bruit dans l'appartement juste avant que vous arriviez.

Je prends sa déclaration avec réserve : dans ce genre de situation, les gens ont très vite tendance à céder à la panique. Et puis, près de vingt minutes se sont écoulées depuis l'appel et il est prouvé qu'un cambrioleur ne reste en général pas plus de cinq à six minutes sur les lieux de son forfait... Je coupe ma radio et m'engage en tête dans les escaliers, Dominique et David me suivent de très près. Au cinquième, nous trouvons effectivement une porte à demi ouverte, mais apparemment non fracturée. Arme à la main, je pénètre le premier dans l'appartement, comme le veut la règle dans notre corporation. À peine franchi le seuil de la porte, une odeur méphitique me pique les narines. Un relent de cadavre en décomposition. Dans la pièce principale, rien n'indique le passage d'un voleur. Pas de vitre brisée, pas de placards grands ouverts, pas d'objets éparpillés sur la moquette, pas de coussins éventrés. Tout semble parfaitement en ordre. Dominique vérifie la cuisine et la salle de bains. Aucun indice de ce côté-là non plus.

Il nous reste encore une pièce à inspecter. Dominique a déjà tourné la poignée... Il n'a poussé la porte que d'une vingtaine de centimètres lorsqu'une émanation putride vicie toute l'atmosphère. Le cœur au bord des lèvres, il referme aussitôt, par réflexe. Je taxe une clope à David. Je ne fume pas mais, à situation exceptionnelle, solution exceptionnelle. Je casse la cigarette en deux et place un morceau dans chaque narine, espérant que l'arôme du tabac atténue un peu l'odeur de cadavre. Je pose une main sur ma bouche et pousse de nouveau la porte. La pièce est plongée dans le noir, je ne distingue pas grand-chose. Pas question de presser l'interrupteur : à la fois pour éviter une possible explosion en cas de suicide au gaz et pour préserver les traces sur la scène de crime. Je dois m'astreindre à ne toucher qu'avec les yeux, comme les enfants devant un objet fragile. Le plus infime détail peut en effet se révéler déterminant pour la suite de l'enquête. David me tend sa lampe de poche. Je fais un pas en avant et manque de tomber en butant sur une chaise de bureau renversée. J'avance encore de cinquante centimètres. Sous ma semelle de chaussure, je sens crisser des feuilles de papier, s'émietter en mille morceaux des bouts de verre brisé. Je m'accroche jusqu'au rebord du lit et distingue une silhouette inerte sur le matelas. Le spectacle qui s'offre alors est digne d'un film d'horreur. Un homme nu, âgé d'une cinquantaine d'années, est étendu au milieu du lit, les bras le long du corps. Les plaies sur son visage sont les stigmates d'une agression d'une violence inouïe. Sa cavité orbitale est enfoncée, son nez cassé et ses pommettes écrasées. Mon regard se fige quelques secondes sur ses yeux verts grands ouverts. À côté de sa tête, une énorme tache brune macule le drap bleu ciel. Du sang séché. De toute évidence, la victime est décédée depuis plusieurs jours. Son corps a perdu sa raideur cadavérique et son ventre est bleuâtre et gonflé. Déstabilisé par cette macabre découverte, je saisis ma radio et déclenche le plan Orsec, un système de gestion de crise destiné à faire face à des situations extraordinaires.

– TND 5 de Bac 06. Nous sommes en présence d'un Delta-

Charlie-Delta – notre code pour désigner une personne décédée –, rue du Cherche-Midi. Peut-être un cambriolage qui a mal tourné. Dans tous les cas, un meurtre. Je requiers la venue de l'OPJ de permanence et de l'IJ.

– Bien reçu, Bac 06.

David se poste à l'entrée de l'appartement pour sécuriser la zone et limiter les accès. Que le temps paraît long dans ces moments-là ! Un étrange soulagement me gagne lorsque la voix de l'OPJ retentit enfin dans le hall. Petits binocles ronds sur le nez, l'officier de police judiciaire commence à procéder aux constatations d'usage. Sur un coin de la commode du salon, il retrouve trois factures d'électricité au nom de Gervais.

Une voix rauque retentit derrière moi, pour nous saluer. C'est le chef de l'identité judiciaire, en personne... Amicale poignée de main, rapide échange d'informations, puis Dominique, David et moi nous mettons en retrait pour permettre aux techniciens en scène de crime de travailler, comme la famille d'un malade lorsqu'un médecin débarque dans sa chambre d'hôpital. Dans un recoin de l'appartement, les spécialistes commencent à s'équiper. Combinaison blanche, coiffe, surbottes, masque buccal, gants, avec cet attirail, on les dirait tout droit sortis d'une navette spatiale. Mais qu'importe le look quand il s'agit de préserver le théâtre d'un crime. Les experts des sections techniques de l'IJ disposent d'une multitude de procédés pour leurs investigations. Certains sont bien connus, comme la dactyloscopie permettant d'identifier un individu par les empreintes digitales, la recherche d'ADN ou encore la photographie, fournissant souvent des renseignements intéressants sur les modes opératoires et le cheminement des protagonistes. Des interrupteurs aux tasses à café en passant par les poignées de porte et l'interphone, les flics de l'IJ analysent l'appartement de fond en comble, à la recherche du moindre indice : fibre, cheveu, sperme, salive. En les voyant opérer, je me remémore une petite phrase signée Edmond Locard, le père de la police scientifique française : « Nul ne peut agir avec l'intensité que suppose l'action criminelle sans laisser des marques multiples sur son passage. »

Au chevet du lit, un agent découvre une statuette d'éléphant en bronze, couverte de traces de sang et de mèches de cheveux, qu'il met aussitôt sous scellés dans un sac en plastique hermétique. Dans la poche arrière droite d'un pantalon, en boule au pied du lit, un autre retrouve le portefeuille de la victime avec, à l'intérieur, une carte de presse, un permis de conduire et une carte nationale d'identité. Le défunt, âgé de 58 ans, était journaliste dans un magazine automobile. Au bout de deux heures d'investigation, l'IJ nous fait part de ses premières conclusions.

– Cela ressemble à un crime passionnel, déclare le chef. L'homme a eu un rapport sexuel peu avant sa mort. Sous le lit, on a retrouvé un godemichet avec de la matière fécale sèche dessus. Quant à l'arme du crime, il s'agirait bien de la statuette en bronze. L'autopsie nous le confirmera dans quelques heures.

18 heures. Les pompes funèbres transportent le corps à l'institut médico-légal. Nous levons le camp. Je n'ai qu'une hâte : rentrer chez moi prendre une douche et me changer. J'ai l'impression de puer le cadavre à plein nez.

Planté pour une clope

Une agression vient de se produire dans la rue Rotrou. Une petite rue paisible qui longe le théâtre de l'Odéon juste en face des jardins du Luxembourg. Alertés par la radio embarquée de notre R19, nous fonçons à l'adresse indiquée. Nous ne sommes pas loin. Philippe est au volant, Olivier sur la banquette arrière, moi sur le siège passager. Je pose le gyro sur le toit. Il doit être 21 heures.

En ce mois de mars 1993, le printemps commence tout juste à s'installer à Paris. Le soir, beaucoup de promeneurs aiment à se balader tranquillement dans ces beaux quartiers. Arrivés en bas de la rue, nous apercevons au loin un homme couché par terre et un autre à genoux près de lui, la main posée derrière sa nuque. Un couple se tient en retrait, main dans la main, de l'autre côté du trottoir, apparemment choqué. Au son du deux-tons, l'homme relève la tête, l'air soulagé. Olivier descend le premier et se précipite au chevet du blessé mais, à sa tête, je comprends tout de suite que la victime est très gravement touchée. Je passe un rapide message sur les ondes pour confirmer notre arrivée sur les lieux et fonce à mon tour. Le gamin allongé sur le macadam présente une large entaille dans le cou, près de la carotide. Du sang rouge vermeil gicle par saccades de la plaie. Il faut stopper au plus vite l'hémorragie. Pendant que je cours à la voiture appeler les secours, Olivier prend les choses en main, demande un mouchoir ou un foulard au couple pour réaliser un point de compression, mais le garçon a déjà perdu beaucoup de sang. Visiblement très affaibli, il a du mal à respirer et est au bord de l'évanouissement. Sur les conseils d'Olivier, Philippe lui tapote très légèrement la joue et lui parle d'une voix calme pour essayer de le maintenir éveillé. Je m'approche du second jeune homme, qui pleure derrière ses grosses lunettes en métal.

– Que s'est-il passé ?

– Mon petit frère Vincent et moi, on s'est fait agresser. On n'a rien fait. Tout s'est passé très vite.

Toutes sirènes hurlantes, l'ambulance des pompiers rapplique enfin.

– Philippe, tu peux te charger de garder les témoins en attendant l'OPJ ? Il ne devrait plus tarder maintenant.

Je reprends le fil de ma discussion avec le frère.

– Que voulaient-ils ? Raconte...

– On sortait du cinéma UGC Danton. On marchait sur le trottoir pour aller au parc quand on a croisé deux beurs et un Blanc.

Je ne lui laisse pas le temps d'enchaîner.

– Décris-les-moi. À quoi ils ressemblaient ces types ? Comment étaient-ils habillés ?

– Le premier reubeu portait une veste en jean, une chemise blanche et des baskets bleu ciel. Le deuxième avait un survêtement blanc et des tennis noires. Le Blanc, lui, était habillé tout en noir, avec sur la tête une casquette blanche barrée par un écusson doré. C'est lui qui a planté Vincent, il est complètement cinglé, ç'ui-là.

Le visage du jeune homme s'emplit de colère. Submergé par l'émotion, il s'agrippe à mon blouson et me secoue.

– Vous allez le retrouver, ce salaud, hein ? Pourquoi vous ne le cherchez pas d'abord ?

– J'attendais que ton frère soit pris en charge par les secours. Maintenant que l'OPJ et le car de police-secours sont là, on va pouvoir y aller.

Je décide de l'embarquer avec nous pour nous aider à identifier les agresseurs.

– Par où ils sont partis ? le questionné-je, alors que nous regagnons la R19.

– Euh… ils se sont enfuis à pied en direction du RER Luxembourg.

Je lance le signalement par appel général. En chemin, je poursuis mon interrogatoire.

– Dis-moi, pourquoi il a agressé ton frère, ce cinglé ?

– Quand il nous a croisés, il nous a demandé une clope. Comme on ne fume pas, on lui a répondu qu'on n'en avait pas. Alors il s'est énervé et nous a traités d'enculés et de sales fils de pute. Vincent s'est arrêté et les a regardés tous les trois fixement. Les deux reubeus se sont jetés sauvagement sur lui, l'ont agrippé par le cou et l'ont violemment poussé contre le mur. Je ne pouvais pas rester là sans rien faire. J'ai tenté de dégager mon frangin mais je me suis fait plaquer contre le mur moi aussi. L'un des deux a voulu me mettre un coup de boule mais il m'a frappé le front et a raté mon nez. Le Blanc s'est alors approché de Vincent et a sorti un objet de la poche arrière de son pantalon. Avec sa main gauche, il lui a collé très violemment la tête contre le mur et avec la droite a ouvert un couteau à cran d'arrêt en cliquant sur le petit bouton situé sur le manche. J'ai juste eu le temps de voir la lame scintiller sous la lumière du lampadaire… Le mec l'a enfoncé dans le cou de Vincent, qui s'est effondré sur le sol. L'agresseur a essuyé sa lame sur sa chemise et a claironné : « C'est bon, je l'ai crevé. On se casse ! »

Planter pour une simple cigarette… mais dans quelle époque vivons-nous ? pensé-je intérieurement. Nous voilà à la station Luxembourg. Rien sur les quais. Olivier interroge l'agent au guichet. Ce dernier nous confirme avoir vu, quinze minutes plus tôt, trois jeunes correspondant au signalement. Ils n'avaient pas de billets et ont sauté par-dessus les barrières.

– Dans quelle direction allaient-ils ? me renseigné-je.

– Antony.

De retour à la voiture, j'indique par radio leur itinéraire. Le Samu qui est arrivé en renfort rue Rotrou annonce de son côté que le pronostic vital du jeune homme est engagé. Son aîné qui a tout entendu s'effondre en larmes. Nous devons absolument les retrouver, ces fous furieux. Si la victime décède, ce sera un meurtre. Nous décidons de tenter l'arrêt Port-Royal, sur la même ligne du RER. Toujours rien. Nous poursuivons en direction de Denfert-Rochereau. Nous faisons une première fois le tour de l'imposante statue du Lion de Belfort, rien. Philippe effectue un deuxième passage, histoire d'en avoir vraiment le cœur net, et là, devant le McDo, un flash. La vermine à la casquette dévore un hamburger adossé à la vitre, comme si de rien n'était. Je montre le type du doigt, le frère me confirme qu'il s'agit bien du coupable. Je n'en crois pas mes yeux. Ce salaud vient quand même de planter un passant avec une lame pour une cigarette et il est là, à se remplir la panse. Nous nous garons un peu plus loin, puis Philippe, Olivier et moi descendons. « Ne bouge surtout pas », commandé-je au frère.

Je sens que l'interpellation va être sportive. Olivier, le plus athlétique d'entre nous, se propose de prendre l'individu à la casquette, celui qui paraît le plus nerveux et le plus dangereux. Philippe et moi nous chargeons des deux autres qui n'opposent pas de résistance particulière. L'arrestation se déroule en douceur. Pour éviter qu'ils s'échappent, Philippe prend toutefois la précaution de les menotter main droite main gauche. Le gars à la casquette se montre, lui, beaucoup plus difficile à maîtriser. Il regimbe, distribue des coups de pieds dans tous les sens, mais ses gestes sont désordonnés. Il s'épuise. Olivier en profite pour l'agripper mais, dans un ultime élan de haine et d'énergie, l'autre lui colle un pain dans la figure. Le forcené a beau être plus grand que moi, je décide de le prendre par-derrière. Je le serre à la gorge avec mon avant-bras tout en lui assénant un violent coup de pied dans le creux du genou. Cette technique simple de self-défense fait son effet. Le moineau s'écroule. Une dernière prise de judo pour l'immobiliser et Olivier n'a plus qu'à lui passer les menottes, biens serrées. Un car de police du XIVe se chargera de ramener les trois lascars au commissariat de la PJ du VIe. L'auteur du coup de couteau, mis en cause dans plusieurs affaires de racket, sera formellement reconnu et confondu.

Je ne sais pas ce qu'est devenue la victime. Cela ne fait pas partie de mon travail de « baqueux ». C'est aussi, je l'avoue, une façon de me protéger…

Tête à claques

« Ramenez-moi des affaires de stups. » Tel est le nouveau mot d'ordre du taulier au détour de l'été 1993. À cette période, le marché de la drogue explose dans la capitale. En quelques mois, le Quartier latin est devenu une véritable plaque tournante du trafic de stupéfiants. Héroïne, cocaïne, cannabis, amphétamines, hallucinogènes, barbituriques, éther, solvants, on peut s'y procurer tous les produits psychotropes possibles et imaginables. Enjeu électoral oblige, l'heure est venue de mettre un frein à cette économie souterraine.

Depuis plusieurs semaines, nous quadrillons le secteur nuit et jour pour tenter de faire tomber les principaux acteurs de ce puissant réseau. L'un d'eux se prénomme Ange, un nostalgique des années punk. Il n'a pas la crête rouge mais compense en arborant blouson et pantalon de cuir avec chaînes, tatouages, Rangers et bracelet gothique à pointes métalliques. En se promenant du côté de la place Saint-Michel dans la journée, on ne peut pas le rater. À 30 ans, cette petite fiotte camée jusqu'à l'os passe ses journées à téter des 8,6 – des bières bon marché très alcoolisées – sur le rebord de la fontaine. Parce qu'il trimballe un cran d'arrêt et un poing américain, il se prend pour un dur. Mais il n'est rien qu'un vulgaire tox qui fait sa loi dans un monde d'ado. Aussi minable soit-il, il a quand même trouvé le moyen, dix-huit mois auparavant, de séduire Camille, une petite bourgeoise du XVIe un peu rebelle. Au lendemain de ses 18 ans, elle a pris ses cliques et ses claques, et s'est installée avec lui sur une péniche abandonnée, en banlieue. Résultat : un mois plus tard, elle s'est retrouvée en cloque, mêlée aux sales combines de son jules... Depuis son accouchement, tous les après-midi, elle l'accompagne sur la place Saint-Michel. Et ce qui me débecte par-dessus tout, c'est qu'ils se servent de leur fille comme moyen de diversion. Sous le matelas du landau, ils planquent tout le panel des drogues à la mode, un stock dans lequel Ange n'a plus qu'à piocher au fur et à mesure de ses transactions... Plusieurs fois déjà, nous l'avons serré pour infraction à la législation sur les stupéfiants, agression ou port d'arme de 6e catégorie, mais il a toujours réussi à s'en tirer à bon compte.

La plaisanterie a assez duré. Aujourd'hui, Ange ne passera pas entre les mailles du filet. Repérage, observation, questionnement d'indics, cela fait des semaines que nous échafaudons le coup. Même en flag', il est des affaires qui nécessitent un minimum de préparation. Qui plus est en matière de stups, où les trafiquants prennent toujours d'infinies précautions pour ne pas se faire choper.

Vers 13 heures, je convie Alain, David et Olivier à un ultime briefing dans un bar branché du quartier. De la salle du premier étage, nous disposons d'une vue imprenable sur la place Saint-Michel. Henri, le patron, un sympathique bonhomme à moustaches d'origine basque, nous sert un petit noir fumant à chacun.

– David, tu restes ici avec moi en surveillance. Alain et Olivier, vous planquez dans le hall d'entrée du numéro 10. Derrière la porte vitrée, vous aurez une vue dégagée.

Nous nous branchons sur une fréquence réservée et nous mettons en place. Maintenant, il n'y a plus qu'à patienter... Réglés comme un métronome, Ange et sa petite famille se pointent à 15 heures tapantes. Je le repère tout de suite avec son crâne rasé, ses tatouages de serpent sur tout le corps, sa veste de cuir pelée et sa démarche nonchalante. Nous calons nos essais radio. 5 sur 5 pour nous tous. Bien sûr, nous pourrions prendre le parti de le serrer tout de suite. Et hop, emballez, c'est pesé, on rentre à la maison ! Mais pour qu'un délinquant soit sanctionné, la réglementation impose que le délit soit constitué, c'est-à-dire que tous les éléments constitutifs soient prouvés. Nous le laissons donc tranquillement s'installer avec femme et enfant sur le côté droit de la fontaine, juste à côté de la bouche de métro, et attendons la première transaction. Par cette belle journée d'automne, les autos vont et viennent, les piétons se promènent, mais aucun ne s'arrête. Ange n'est cependant pas du genre à se laisser abattre. Il attrape une canette de Bavaria dans la panière sous le landau et se l'enfile d'une traite.

Au bout de trente minutes, Olivier transmet : « Je crois qu'il y a un contact. » Un blondinet en veste kaki tape la discute avec Ange. Au bout de quelques minutes, le tox lui tend une canette et trinque avec lui.

– C'est ça, ouais, prends-nous pour des idiots ! commenté-je tout haut. On le connaît par cœur, ton petit manège, Dugland !

Sur la 8,6 sont en fait collées plusieurs barrettes de shit. Le client bavasse encore un peu et s'éloigne en direction de la rue Saint-André-des-Arts.

– Ok, les gars. Vous vous chargez de l'acheteur, David et moi, on garde Ange.

La difficulté sur un coup d'achat, c'est de réussir à choper à la fois le dealer et le consommateur, mais séparément pour mieux les confondre. David et moi descendons à grandes enjambées les escaliers et nous mettons en position d'attente sous la terrasse couverte. Je réclame au poste directeur un car de police pour pouvoir rapatrier au commissariat la famille et le landau une fois l'opération achevée. « Daniel d'Olivier. C'est bon, on a la came et les aveux du client. À vous de jouer. » Mon rythme cardiaque s'accélère. Des gouttelettes de sueur coulent dans mon dos. Ange peut se montrer tellement violent et imprévisible qu'il ne doit surtout pas nous voir arriver. Nous nous faufilons parmi les passants et le prenons par surprise. Il sursaute, mais se reprend aussitôt.

– Tiens, salut les keums, sort-il ironiquement.

Son visage ne trompe pas : yeux rougis, pupilles dilatées. Il est chargé à bloc. Amphétamines, LSD, buvard, il touche à tout.

– Désolé mon pote, ton petit commerce est terminé, annoncé-je. Tu vas devoir nous suivre.

– Dans ton cul, le poulet, même pas en rêve !

D'habitude, son insolence ne m'aurait fait ni chaud ni froid, mais là je ne suis pas dans mon assiette. Ma séparation avec Jocelyne me mine. La moutarde me monte au nez. Je le saisis à la gorge, une manchette dans la figure, une clef de bras au cou, et je le traîne par l'arrière jusqu'à l'impasse de l'Hirondelle. David suit avec la fille et le landau, alors qu'Ange continue à me déverser un torrent d'insultes. La drogue lui fait perdre toute maîtrise de soi. Il tente de me frapper au visage, mais je le balaie et lui distribue une série de claques. Je l'avoue : je ne parviens plus à m'arrêter. Je suis fou de rage.

– Laisse tomber, Daniel, intervient David. Te salis pas pour ce vaurien.

Je ne me reconnais pas. J'ai honte. Je n'avais jamais pété les plombs comme ça, mais ce morveux me donne carrément envie de vomir. Je me tourne vers la fille.

– Et toi, tu fais quoi avec cette ordure ? Et ta gamine, tu y penses ?

Elle me regarde, hébétée. David effectue une fouille rapide

dans le landau : sous les couvertures, deux canettes sans couvercle, chacune remplie d'une cocotte en papier avec une dose de poudre. Dans la panière, quatre biberons, dont trois entourés de barrettes de shit. Décidément, il ne recule devant rien ! David menotte Ange et l'installe avec sa famille à l'arrière du car de police, qui vient juste d'arriver. Je glisse chaque canette dans un sac en plastique hermétique, puis pars retrouver Alain et Olivier qui tiennent au chaud dans la voiture l'étudiant consommateur.

Dans le bureau de l'OPJ, ce dernier ne tarde pas à se mettre à table et avoue l'achat. Ange est foutu ! Après vingt-quatre heures de garde à vue, il est déféré, puis jugé et placé en détention...

Deux ans plus tard, alors que j'interviens sur une affaire de vol à l'étalage chez Boulinier, je me retrouve nez à nez dans la rue avec une femme d'âge mur et une jeune fille qui porte un enfant dans ses bras : Camille, la compagne d'Ange, avec ses longs cheveux noirs et son petit nez en trompette bien à elle. Elle me dévisage longuement sans parvenir à prononcer un mot. Je brise le silence.

– Que devenez-vous ?

– À la mort d'Ange, je suis retournée vivre chez mes parents, bredouille-t-elle. Papa m'a embauchée dans son entreprise comme assistante comptable.

– Ange est mort ? la questionné-je, abasourdi. Mais comment ? Quand ?

– Quand il est sorti de prison, il y a neuf mois, il est retourné vivre sur la péniche et il a recommencé ses conneries. Un jour, une bagarre a mal tourné et il est mort d'un coup de hache sur la tête.

La nouvelle me fiche un coup. Un ange en enfer...

L'homme désarticulé

Cela fait plusieurs semaines que mes coéquipiers et moi sommes sur la piste d'un cambrioleur qui s'introduit sans effraction dans des immeubles cossus autour de la rue Michelet, dans le VIe arrondissement. Faute d'indices suffisants, j'ai fini par mettre un binôme en patrouille toute la journée dans le secteur. Pendant cinq jours, Stéphane et Alain ont fait chou blanc. Jusqu'à cet après-midi...

Vers 15 heures, message radio : mes deux collègues viennent de repérer un suspect rue des Chartreux. L'individu, type européen, taille moyenne, cheveux châtain foncé, a l'air au-dessus de tout soupçon avec son bleu de travail et sa sacoche à outils en bandoulière, mais cela fait près d'une heure qu'il rôde dans le quartier, le nez en l'air, et pénètre tour à tour dans plusieurs immeubles, à l'aide d'un passe.

Je saute dans ma voiture et les rejoins rue Bréa. L'ouvrier vient d'entrer dans une jolie résidence en brique rouge, flanquée d'un jardin coquet. Quinze minutes s'écoulent. Il réapparaît. La concierge marche sur ses talons, l'air intrigué. Derrière le rideau de sa loge, elle l'a surpris en train d'introduire un petit outil cylindrique indéterminé dans la serrure de la porte d'un des appartements du rez-de-chaussée. Bizarre, en effet. Nous poursuivons la filature. Rue d'Assas, rue Michelet. L'oiseau s'engouffre alors à l'intérieur d'un immeuble haussmannien. On attend un quart d'heure ; il ne ressort pas. J'enclenche alors les opérations. Alain reste dehors à faire le guet tandis que Stéphane et moi rentrons dans le bâtiment avec notre passe. Nous avançons en tapinois vers la cage d'escalier, je m'accroupis et tends l'oreille. Quelqu'un monte les marches à pas feutrés. Quelques secondes plus tard, une clé cogne dans une serrure, puis plus rien. Le silence est soudain rompu par le grésillement de la radio que mon collègue a oublié d'éteindre. Je jette un regard noir dans sa direction. « Comment peut-on commettre un tel impair ? » pensé-je en mon for intérieur. Agacé, je lui fais comprendre par gestes qu'on va devoir intervenir. Juste le temps d'appuyer sur le bouton de l'ascenseur pour ne laisser aucune chance au malfrat de s'échapper, puis nous nous élançons dans les escaliers. À mi-étage, nous entendons un fracas de ferraille dans la cour. Nous accélérons encore l'allure.

Arrivés au cinquième, nous découvrons sur le paillasson une sacoche à outils à moitié renversée et des bris de verre sur la moquette pourpre. Je passe la tête à travers la vitre cassée. Juste au-dessous pend une gouttière en fonte, à demi arrachée. Des traces de griffures émaillent le mur sur près de trente centimètres. Je regarde plus bas. Un homme en bleu de travail est étendu au milieu de la cour intérieure, désarticulé telle une poupée de chiffon. Ses chaussures et sa casquette sont éparpillées autour de lui. Stéphane et moi échangeons un regard et dévalons les étages. Dernière marche, je retiens mon souffle. Je sais que le spectacle va être terrible. Je ne me suis pas trompé. L'homme a le visage tuméfié, les hanches complètement désaxées et les pieds déformés. Pendant que Stéphane prévient le Samu ainsi que les autorités, j'attrape son poignet pour prendre son pouls : l'homme vit encore, mais le pouls est faible. De sa bouche s'échappe un mélange de salive et de sang. Je n'ai pas fait dix ans de médecine, mais je comprends que son pronostic vital est sérieusement engagé.

Dix minutes plus tard, en entendant les sirènes hurler au coin de la rue, je me sens comme délivré d'un poids. Pendant que les pompiers, le médecin coordinateur et les deux infirmières s'affairent autour de la victime, le commissaire de permanence dresse les constatations. À quelques mètres du corps, il retrouve un petit objet cylindrique parsemé de crochets de couleur bronze : le fameux « parapluie » utilisé par les serruriers.

– On le transporte, indique d'une voix rauque le médecin coordinateur au commissaire de permanence, en désignant de la tête la victime immobilisée dans un matelas coquille.

Le cambriolo décédera le lendemain à l'hôpital Cochin.

Hors-la-loi

Grande opération confessions sentimentales au commissariat. Sur le « divan », David, un excellent flic qui, derrière ses allures de roc inébranlable, cache en fait un cœur sensible. Très sensible. Trop sensible. Il me parle souvent de ses histoires de cœur. Quand j'y pense, ça me fait sourire. À 25 ans, j'étais le pote de boulot avec qui on aimait faire la bringue, à 40 ans, je suis le grand frère à qui on livre ses problèmes. Cela ne me dérange pas. Quand on exerce un commandement dans une équipe de police, on développe plus ou moins malgré soi des facultés d'écoute. Olivier, lui, déteste qu'on déballe sa vie perso au bureau. Il devra pourtant « subir » une nouvelle fois les états d'âme de David, ses déboires avec son amie Nathalie, avec qui il vit depuis des années et qui ne supporte plus son rythme de travail, ses horaires décalés, ses journées à rallonge. Résultat : elle l'assomme de reproches du matin au soir. À bout, David veut mettre un terme à leur histoire : « J'en peux plus de cette relation de merde, je vais tout arrêter. Comment je vais lui annoncer, je n'en ai pas la moindre idée. Ça risque d'être un mélodrame. Mais elle me gonfle trop avec ses remarques cinglantes sur mon emploi du temps. Après tout, elle n'avait qu'à choisir un fonctionnaire de La Poste, qui rentre à la maison tous les soirs à la même heure ! »

Assis dans mon fauteuil en skaï tout usé, je l'écoute silencieusement, en buvant mon café. Je me risque à lui donner quelques conseils quand le téléphone sonne. Olivier décroche le combiné, manifestement soulagé. En ligne, un responsable de la Fnac, rue de Rennes. Olivier attrape les clés de la voiture sur le bureau et nous fait comprendre d'un signe de tête qu'il va falloir y aller et vite.

– Nous nous mettons en route tout de suite, dit-il. Attendez-nous devant le magasin et, d'ici là, rassemblez un maximum de détails sur eux.

Olivier raccroche.

– La Fnac a été victime d'une escroquerie au chéquier volé. La caissière vient tout juste de s'en rendre compte. Les malfaiteurs ne doivent pas être loin...

Nous démarrons tous les trois en direction de la Fnac, située à quelques encablures. Nous sommes sur place moins de deux minutes plus tard. L'air très soucieux, le chef de la sécurité nous attend comme prévu devant l'entrée du magasin. Il nous retrace rapidement le déroulé des faits.

– Vous les avez ratés de peu, regrette-t-il. Ils ont quitté la boutique il y a moins de cinq minutes. Ils étaient trois. Je les ai bien remarqués car ils avaient des styles vestimentaires très différents. C'était très bizarre de les voir ensemble faire leurs courses. Le premier, dégingandé au teint mat, portait un jean, des baskets et un tee-shirt rouge vif avec le portrait de Che Guevara. Le second, plutôt classe, était vêtu d'un costume et d'une chemise blanche. Le troisième, enfin, était de type européen, petit et joufflu, en chemise blanche, jean noir et baskets blanches.

– Ils ont acheté quoi au juste ?

– Du matériel hi-fi très haut de gamme. Pour un montant de 30 000 francs (un peu plus de 4 500 euros). Le jeune en costume a réglé par chèque, en présentant une pièce d'identité.

– Et c'est à ce moment-là qu'ils ont distrait la caissière...

– Ben oui, comment vous le savez ? s'étonne-t-il.

– C'est un coup classique pour faire passer un chèque volé, lui expliqué-je. L'escroc signe son chèque et, au moment où il montre sa pièce d'identité, l'un de ses complices lance une blague ou un compliment pour distraire l'hôtesse. Pendant quelques minutes, elle focalise son attention sur autre chose, et le tour est joué ! Le temps d'aller récupérer leurs paquets à l'entrepôt et, hop, ils s'évaporent dans la nature sans laisser de traces. C'est ce qu'ont dû faire nos trois individus...

– Vous avez encore une chance de mettre la main dessus, insiste le vigile.

Il a raison. Nous savons précisément à quoi ils ressemblent et cela fait à peine cinq minutes qu'ils ont levé le camp : tous les espoirs sont permis. Au travail ! Une course contre la montre s'engage maintenant. Plus le temps passe, plus nos chances de les retrouver s'amenuisent. Je prends tout de même une minute pour réfléchir posément. Que ferais-je à leur place si je devais me barrer après cette escroquerie ? Soit je prendrais le métro à Montparnasse, Rennes ou Saint-Placide, soit je partirais en caisse en direction de la place du 18-Juin. Olivier me fait alors très justement remarquer qu'avec du matériel hi-fi encombrant ils ont certainement dû partir en voiture. Nous courons donc à pied vers les rues arrière de la Fnac : rue Blaise-Desgoffe, rue de Vaugirard, rue Littré. Rien d'anormal à signaler. Nous revenons vers la bagnole, garée derrière la Fnac, remontons à bord et effectuons un tour complet de la place du 18-Juin. Toujours rien. Pourtant, mon instinct me dit qu'ils sont là, tout près. Je passe à nouveau la place en revue et, là, je remarque une Volkswagen Passat grise, stationnée sur le bas-côté de la chaussée, moteur allumé. En fait, ce qui retient particulièrement mon attention, c'est le tee-shirt rouge vif qu'arbore le conducteur, ses lunettes de soleil dans les cheveux.

Son attitude aussi m'intrigue : seul à bord, les mains sur le volant, il regarde dans toutes les directions, manifestement inquiet. Je demande à Olivier de rester derrière le véhicule. Je préfère y aller à pied. J'ai une cinquantaine de mètres à parcourir et je ne dois pas me faire renifler. Mais ça, en principe, je sais faire !

Décontracté, les mains dans les poches de ma petite veste marron, je radine tranquillement près de la Passat, par le côté arrière droit. Je remarque que la plage arrière est relevée et j'aperçois un carton qui dépasse. Je pense avoir tiré le bon numéro, mais je veux quand même en avoir le cœur net. De nombreux piétons se pressent devant moi. Je peux donc me faufiler dans la foule, dépasser la Volkswagen et faire demi-tour incognito. D'habitude, chez les flics, on préconise de ne jamais revenir sur ses pas pour éviter de se faire détroncher, mais là, vu le monde, je peux tenter le coup. L'individu semble trop préoccupé pour me calculer. Je me lance... Bingo ! Quand je me retourne, je distingue parfaitement le dessin sur le tee-shirt du chauffeur : le portrait du Che en noir sur fond rouge. J'esquisse un léger sourire : T'es vraiment un branquignole, toi ! me dis-je en mon for intérieur. En flag', on fait toujours attention à ne porter ni vêtement extravagant, ni couleur flashy, ni signe distinctif pour bien se fondre dans la masse. T'as rien compris, toi ! Tu vas te faire gauler juste à cause de ton tee-shirt !

Je m'éloigne de quelques mètres pour être moins visible, me planque derrière un kiosque à journaux et allume ma radio. « Les gars ! On a levé la bonne caisse. Gardez-la. Et si ça bouge, vous serrez. Attention, ils risquent de déguerpir très vite. Le conducteur flippe comme un malade, ça se sent. » Après quelques minutes, un petit baraqué en chemise blanche et jean noir s'approche de la bagnole. L'un des deux complices. Ça se précise ! Il monte côté passager. Aucun échange verbal. Les deux mecs se tapent simplement dans la main comme pour se féliciter d'avoir réussi un coup. Le conducteur met son clignotant. Le départ paraît imminent. Il faut les toper. Je fais le signe du V avec mes deux bras pour donner le signal. Mon cœur se met à battre très vite. Lever un bandit me procure toujours la même bouffée de chaleur qu'un coup de foudre pour une jolie fille. Je me fraie un passage parmi les piétons et j'avance vers le véhicule, pleinement concentré. Dans la masse, je repère le troisième complice en costume qui s'apprête à monter dans le véhicule. Au dernier moment, celui-ci se ravise et change de direction. De toute évidence, il m'a démasqué. Olivier vient d'avancer notre R19 à la hauteur de la Volkswagen pour l'empêcher de démarrer. Je montre à David le blaireau en costume. Pas la peine de lui faire un dessin, il a compris. Il se met aussitôt à sa poursuite. Muni de mon brassard, je me place sur le côté avant droit de la voiture et pointe mon revolver vers le conducteur.

Le mec ne cherche pas à esquiver. Il pose ses deux mains bien écartées sur le tableau de bord, le passager fait de même. Olivier ouvre la portière et fait descendre le « Che », je m'occupe de son voisin. Interpellés et menottés, les deux délinquants n'opposent aucune résistance. David me fait signe. Il vient de perdre le troisième gus. S'il ne le retrouve pas illico presto, on est marron. Les deux mecs qu'on a interceptés n'ont ni chéquier ni facture sur eux, juste leurs pièces d'identité. Il suffit donc qu'ils mentent et disent qu'ils ne savaient pas que leur pote était un aigrefin, et ils sont sûrs d'être relâchés. Seule solution en attendant de retrouver le troisième larron : effectuer une « mexicaine » pour confondre les suspects avec les preuves matérielles. C'est complètement illégal en l'absence d'OPJ et de commission rogatoire, mais si je veux les faire tomber, je n'ai pas vraiment le choix. Et puis, la manip' est tellement simple ! Il me suffit d'ouvrir le coffre avec les clés qui sont sur le contact, et c'est tout. Olivier a lu dans mes pensées. Il emmène les deux escrocs menottés dans le hall de l'immeuble le plus proche pour leur poser quelques questions. Un stratagème pour les empêcher de voir ce que je fais et de tout balancer par la suite à un avocat. S'ils apprennent que la procédure n'a pas été respectée, ils peuvent faire capoter toute l'affaire. Mine de rien, j'attrape la clé en sifflotant et ouvre rapidement la malle arrière sans effraction : deux gros cartons de matériel hi-fi tout neuf. Je referme le coffre et remets les clés sur le contact. Lorsqu'Olivier revient avec les bandits, je lui adresse discrètement un clin d'œil. Même si nous ne retrouvons pas l'oiseau envolé, nous possédons suffisamment d'éléments pour les serrer. Cerise sur le gâteau : David m'indique finalement, par radio, avoir repris le suspect au métro Saint-Placide avec plusieurs cartes de crédit qui ne sont pas à son nom, un chéquier et, surtout, la facture de la Fnac. C'est bon, c'est plié !

Faux flics, vrais bandits

– Vous avez vu le mec qu'on a serré hier ?

Olivier ne prend même pas la peine de répondre. Il déteste que l'on fasse de beaux coups sans lui. Question d'orgueil. David, lui, est beau joueur.

– Non, je n'ai pas eu le temps de regarder le livre des affaires. Mais vas-y, raconte !

– Alain, Stéphane et moi avons interpellé un type sur les toits d'un immeuble de luxe, rue de Vaugirard, pour cambriolage et tentative de viol.

– Ah oui ? Rien que ça ! commente David. Comment a-t-il opéré ?

– Il s'est faufilé par le garage en sous-sol, a emprunté l'escalier de service et s'est hissé jusqu'au toit par l'échelle incendie. Une fois sur la terrasse, il a sauté sur le balcon juste en dessous et s'est introduit dans l'appartement du dernier étage par la fenêtre. Il était en train de fouiller un à un tous les tiroirs du salon lorsqu'il est tombé nez à nez avec la femme de ménage. Du coup, il a complètement perdu le contrôle. Il s'est rué sur elle, lui a lié les mains avec un ceinturon trouvé dans un placard, puis a relevé sa jupe et arraché sa culotte. Heureusement, la propriétaire des lieux a débarqué avant qu'il n'ait le temps de la violer. Dès que l'oiseau a disparu dans les étages, la dame a eu le réflexe de nous contacter. Comme nous étions à l'angle Vaugirard-

Raspail, à moins de cinquante mètres, nous avons pu le choper sans mal. Il était caché derrière une cheminée sur les toits. Évidemment, Alain n'a pas pu s'empêcher de lui sortir une petite vanne : « T'as raison, mon gars, profite de la vue ! Avec toutes les infractions que tu as commises, tu es bon pour plusieurs années au placard. »

David sourit. Soudain, alors que nous poursuivons à pied dans la rue Casimir-Delavigne, la tête bougonne d'Olivier s'illumine : « Cible à bâbord ! » Sur le trottoir de gauche, deux hommes dissimulés derrière des lunettes de soleil marchent d'un pas décidé. Le premier est tout ce qu'il y a de plus passe-partout : trapu avec une petite barbe. En revanche, le second, de taille moyenne, présente la particularité d'avoir une mèche décolorée grise au milieu de sa chevelure brune. D'après Olivier, ils correspondent en tout point à la description diffusée ce matin sur un télégramme pour des vols à la fausse qualité. Un délit qui consiste à se parer d'un titre, d'un statut ou d'une fonction que l'on ne possède pas, afin d'éteindre la méfiance naturelle de son interlocuteur et de pouvoir le tromper plus aisément.

– Plusieurs personnes âgées ont déposé plainte, et chaque fois les témoignages concordent, explique Olivier, qui a manifestement bien potassé le dossier. D'après les victimes, ils agissent à quatre. Les deux premiers, en polo et casquette bleue, sonnent à la porte en se présentant comme des agents EDF. Ils prétextent une surtension dans le quartier pour accéder au compteur électrique. Ils font semblant de procéder aux vérifications nécessaires et repartent tranquillement comme ils sont venus. Un quart d'heure plus tard, leurs deux complices se font passer pour des flics en civil. Ils tendent une fausse brème bleu-blanc-rouge et déballent leur petit numéro bien rodé. Ils prétendent avoir épinglé deux escrocs déguisés en agents EDF au pied de l'immeuble qui pourraient leur avoir subtilisé de l'argent ou des effets personnels. La victime s'empresse d'inventorier tous ses objets de valeur. L'un des truands n'a plus alors qu'à lui faire signer une déclaration pour détourner son attention quelques secondes, et son complice a les mains libres pour opérer. Classique...

– Vite, les gars, on se sépare ! commande Olivier, déterminé. Pas question qu'ils nous filent entre les doigts.

David se place en tête sur le trottoir de gauche, suivi par Olivier. Et moi, je progresse en décalé sur le trottoir d'en face. À l'intersection, les deux types tournent à droite et remontent la rue Monsieur-le-Prince en direction de la place Edmond-Rostand. Au niveau du numéro 64, le costaud ralentit, glisse la main dans la poche intérieure de son blouson et en extrait un passe. Cette fois, il ne fait plus guère de doute que le binôme n'est pas clair. Nous attendons qu'il s'engouffre à l'intérieur de l'immeuble pour nous engager à notre tour. Le porche menant à la cour est désert. Mais l'ascenseur du bâtiment de gauche, ceint par deux batteries d'escaliers, s'envole dans les hauteurs. Je fais signe à David et Olivier de se lancer par là. L'ascenseur vient de s'arrêter au quatrième étage.

– Je vais monter à pied et écouter aux portes du quatrième, nous prévient David.

– Ok, mais surtout n'interviens pas. Ces mariolles seraient capables de prendre les petits vieux en otage. On leur mettra la main au paletot quand ils redescendront.

– Et s'ils étaient en train d'agresser les victimes ?

– On ne peut pas écarter cette hypothèse, effectivement. Mais les toper là-haut me paraît vraiment trop risqué.

David n'insiste pas. Il dégaine son revolver et s'élance dans les étages. Il réapparaît moins de trois minutes plus tard.

– C'est bien ça, dit-il. Ils se font passer pour des enquêteurs de la PJ.

J'avise TN 06 de notre position et de l'affaire que nous suivons. Vingt minutes s'écoulent, puis la porte s'ouvre. J'entends la femme âgée leur dire au revoir. L'ascenseur se met en marche. Ça va être à nous de jouer ! La barbiche est le premier à sortir. David l'attrape d'une main ferme. Je braille « Police ! » et lui met ma carte tricolore sous les yeux. Son acolyte tente de déguerpir mais Olivier ne lui laisse aucune chance. Pendant que mes collègues se chargent de la palpation, je grimpe au quatrième. Lorsqu'ils me voient, les retraités commencent par me remercier aimablement.

– C'est gentil de vous être déplacé, Monsieur. Mais on a déjà vu vos collègues tout à l'heure.

– Euh, oui, justement...

Je m'assieds sur l'un des poufs en cuir du salon et leur explique patiemment le fond de l'affaire, mais mon récit ne semble pas les convaincre.

– Constatez par vous-mêmes, proposé-je, en fin de compte.

La dame se lève, ouvre son coffret à bijoux. Vide. Elle attrape une petite boîte en bois laqué. Plus un centime. Elle en reste bouche bée !

– Ne vous inquiétez pas, Madame. Tout va rentrer dans l'ordre. J'ai appelé mes collègues au commissariat. Ils vous envoient un véhicule pour que vous puissiez aller déposer plainte.

Puis je rejoins Olivier et David au rez-de-chaussée. Par terre, un tas de billets et de bijoux.

– Vous pensiez faire fortune avec ça ? Pas de bol, vous n'avez pas tiré le bon ticket. Avec celui-là, vous allez atterrir directement en zonzon sans passer par la case départ...

La carte bleue qui disait toujours oui

– Bac 06 de TN 06.

– Bac 06 à l'écoute.

– Au 49, rue de Rennes, la gérante du magasin de chaussures J. M. Weston requiert votre présence pour trois individus louches.

– TN 06 de Bac 06 toujours. Vous avez plus de renseignements concernant les suspects ?

– Affirmatif. Apparemment, il s'agirait d'escrocs à la carte bleue.

– TN 06 de Bac 06 toujours. On se rend sur les lieux.

Au volant de la R19 gris foncé, Philippe ne se le fait pas dire deux fois. Pied au plancher, il me dépose, cinq minutes plus tard, à l'arrêt de bus devant le Monoprix.

– N'oublie pas de te mettre sur le canal réservé. Et surtout, ne bouge pas de la voiture tant que je ne te le demande pas, insisté-je, en claquant la portière.

Sur ce genre d'affaire, mieux vaut toujours garder une cartouche de réserve. Il démarre en direction de la place du 18-Juin, fait demi-tour au niveau du métro Saint-Placide, puis laisse David devant la boutique Geox et Olivier un peu plus loin devant la bijouterie qui jouxte J. M. Weston. De ma position, je vois parfaitement les trois fraudeurs présumés : l'un est de type africain, les deux autres de type européen. Élégamment vêtus, ils naviguent d'une paire de chaussures à une autre, essaient plusieurs modèles de cravates – des claires et des foncées, des unies et des bariolées – et reluquent les ceintures de luxe exposées en vitrine. Soudain, Olivier me fait signe que les trois resquilleurs passent à la caisse. Les opérations devraient commencer d'une minute à l'autre. Top départ lancé ! David, Olivier et moi nous rassemblons devant l'entrée de la boutique et pénétrons ensemble à l'intérieur. L'Africain nous repère immédiatement mais ne laisse transparaître aucune émotion. Les escrocs ont ce point commun avec les tireurs d'avoir une contenance à toute épreuve. Nous approchons du comptoir. Le blond vient tout juste de glisser sa carte bancaire dans le terminal et s'apprête à composer son code secret.

– Y a un problème ? me questionne-t-il, avec un air supérieur.

– Peut-être...

– Peut-être quoi ? reprend-il, manifestement agacé.

– Nous verrons.

Je saisis la carte Gold qu'il tient entre les mains et lui demande une pièce d'identité.

– Qui êtes-vous, d'abord ?

– Pardon, je pensais que nous avions déjà fait connaissance, m'excusé-je ironiquement, en lui tendant ma brème.

Il encaisse le coup en voyant ma carte de police mais réussit à sourire.

– Vous comprenez, ce n'est pas écrit sur votre visage que vous êtes policier !

J'enchaîne du tac au tac.

– Ce n'est pas écrit sur votre visage que vous êtes une crapule.

– Je ne vous permets pas.

Je laisse un petit blanc et attaque de plus belle.

– C'est étrange, cette carte ne porte pas votre nom...

– Oui, je sais, dit-il. Un ami canadien m'a confié sa carte pour que je lui achète des affaires de mode.

– Très bien. On va vérifier ça, dis-je en indiquant à David de débuter la palpation.

Olivier, resté en retrait près de la porte, prend alors le prétexte que quelqu'un me demande au téléphone pour me pousser à sortir.

– Tu as entendu, il a parlé du Canada, me fait-il remarquer alors que nous nous éloignons de quelques mètres. Il a peut-être un lien avec les mecs que nos collègues du matin ont serrés la semaine dernière pour une affaire de *yescards*. Tu te souviens, des cartes volées et réencodées au Canada, envoyées en Belgique avant d'être utilisées en France ?

Je lui fais un signe affirmatif de la tête.

– On fait quoi alors, maintenant ?

– J'ai ma p'tite idée, réponds-je, plongé dans mes pensées.

J'attrape la radio.

– Philippe de Daniel. Je te rejoins à la voiture pour récupérer les clés de la bagnole. Nous, nous embarquons le porteur de la carte bleue truquée. De ton côté, occupe-toi de prendre en charge jusqu'à destination les deux autres qu'on a relâchés. On verra où ils nous mènent.

– Daniel de Philippe. Reçu.

Je reprends le chemin de la boutique. Olivier m'accompagne.

– Bon, Monsieur, vous allez nous suivre pour procéder à quelques vérifications, indiqué-je au blond. Quant à vous, Messieurs, vous pouvez disposer.

Je m'adresse de nouveau au détenteur de la *yescard*.

– Avez-vous des choses à remettre à vos amis ?

Il sort de sa poche de costume une clé d'hôtel et une clé de voiture Mercedes. Échange de regards.

À peine les deux mecs ont-ils tourné les talons que Philippe est déjà sur leurs traces. Olivier embarque le suspect dans le véhicule ; j'en profite pour questionner la responsable de la boutique.

– Qu'est-ce qui vous a poussée à nous appeler ? Vous les aviez déjà vus, ces types ?

– Moi, non, mais la semaine dernière l'une de mes vendeuses est allée faire un remplacement chez un confrère, rue de Courcelles, qui a été victime d'une arnaque pour un montant total de 30 000 francs (4 570 euros). D'après elle, les coupables sont ces trois hommes... Elle les a formellement reconnus.

Je salue la dame et file retrouver Olivier à la voiture, direction le bureau. Philippe continue de filer les deux individus qui sillonnent les rues de l'arrondissement à grand renfort de coups de sécurité et de demi-tours. La radio grésille : c'est Philippe.

– Je suis rue Madame. Les individus viennent d'ouvrir la malle arrière d'une Mercedes, immatriculée en Belgique. Elle est pleine de sacs de marque. Envoyez-moi des renforts immédiatement.

Lorsqu'ils nous voient débarquer une minute plus tard, les deux loustics semblent résignés. Le coffre étant ouvert, nous n'avons qu'à nous pencher pour admirer tous les trésors qu'il recèle : deux paires de chaussures J. M. Weston, trois montres Cartier, quatre costumes Armani et cinq boîtes de chocolats Fauchon. Je referme le coffre et demande une dépanneuse pour évacuer la Mercedes 190. Je ramène les deux individus à la Maison Poulaga et vais chercher l'OPJ de permanence pour fouiller la caisse dans les règles de l'art. Au total, nous répertorions dix-sept achats de grandes marques. Mais notre plus importante découverte est une petite boîte en fer, cachée dans la trousse à pharmacie. À l'intérieur : sept *yescards*. Je rentre au bureau et vais trouver notre nouvel ami, le trafiquant de cartes bleues.

– Tout à l'heure, chez Weston, tu m'as demandé s'il y avait un problème. Eh bien, je suis désormais en mesure de te confirmer que oui…

La belle aux doigts de fée

Abritée sous un grand parapluie, elle marche devant nous en dandinant les hanches. Longue chevelure couleur blond vénitien, talons aiguilles, épais manteau de fourrure léopard, sac en cuir croco, je reconnais tout de suite l'allure altière de Madame Courselle. Marie-Angèle de son prénom. Experte ès vols à l'étalage. La concurrence est pourtant rude dans cette spécialité peu exigeante, qui rassemble une faune très diversifiée. Le pauvre chipe pour manger, le camé chaparde pour monnayer sa dope, l'alcoolique vole pour assouvir son besoin irrépressible de boire. Le cleptomane, lui, agit par impulsion, indépendamment de tout besoin économique ou usage personnel... Madame Courselle souffre de cette fâcheuse « manie » depuis des années. Vu sa longue expérience dans le XVIe et dans le VIe, elle ferait une pédagogue hors pair à l'école de la fauche. Vêtements de luxe, collants, parfums, elle est capable de dérober tout et n'importe quoi. Pas par volonté de posséder. Mariée à un riche industriel, la belle bourgeoise ne manque absolument de rien. Elle cherche simplement à se procurer la décharge d'adrénaline dont elle est devenue dépendante. Un moyen sans doute de combler la vacuité de son existence.

– Je me ferais bien un p'tit étal' pour le déjeuner, moi ! me confie Philippe, taquin.

– Avec la Courselle, tu fais vraiment dans la facilité, me moqué-je.

– Faute de grives, on mange des merles !

Je m'incline. Nous entreprenons de la suivre en décalé sur le trottoir d'en face. Un quadra en costume noir et parka cintrée se retourne sur son passage. C'est qu'elle en impose, Madame Rapetout ! Elle a dû en appâter plus d'un ! Marie-Angèle pénètre dans un premier magasin, Le Mouton à cinq pattes. Une véritable institution pour les accros du shopping. Elle fait un rapide repérage et achète un tee-shirt en coton dégriffé dans l'unique but d'obtenir une poche en plastique à l'effigie du magasin. Son précieux sésame à la main, elle poursuit son périple dans la rue Saint-Placide, le temple de l'étal', reluque une ou deux vitrines, avant de faire une nouvelle halte chez Marionnaud. Les vendeuses la saluent comme une cliente de choix. Autant un groupe de jeunes filles de banlieue un peu vulgaires peut susciter la méfiance, autant une nantie tirée à quatre épingles paraît au-dessus de tout soupçon. On la chouchoute, on la bichonne, on lui octroie toutes les attentions. La Courselle ne boude pas son plaisir. Elle choisit un parfum, passe à la caisse et, pendant que l'hôtesse s'échine à lui faire un joli paquet cadeau, en profite pour assouvir son vice.

– Bonne opération ! Un parfum acheté, trois gratuits ! s'amuse Philippe.

– Attends, attends, elle n'a pas encore franchi les portiques antivol, tempéré-je.

Nous restons à l'affût. Mais à notre grand étonnement, notre cleptomane sort sans déclencher l'alarme. Alors ça, c'est fort de café !

– On a quand même ce qu'il faut pour l'épingler, s'empresse mon collègue.

– Non, patientons encore un peu. Si on veut que l'affaire tienne devant la justice, il faut charger la mule.

C'est comme ça. Un vol étal' ne prend vraiment de la

valeur qu'à partir d'un certain montant. Manifestement en confiance, la voleuse repasse au Mouton à cinq pattes. Et cette fois remplit son sac sans vergogne, en évitant soigneusement les articles badgés. Elle m'épate. Elle est chargée comme une cantine de légionnaire mais, avec ses entourloupes, le personnel n'y voit que du feu ! Et pour cause. Le vol à l'étalage chez elle flirte avec le vol à l'esbroufe – qui consiste à bousculer une personne pour la dépouiller – et le vol par ruse. Je la laisse s'éloigner vers le haut de la rue Saint-Placide. Elle trouve encore le moyen de se faire courtiser par un homme. Imperturbable, elle passe son chemin, puis s'arrête discrètement sous le porche d'un immeuble. Je sais ce qu'elle y fera : couper toutes les étiquettes des vêtements au moyen de ciseaux de couture. Comme ça, plus de preuve.

– On y va !

Sous le porche, je dégaine ma carte de police.

– Bonjour Madame Courselle.

Elle plisse le front, contrariée.

– Rien de grave, rassurez-vous. Seulement la police, m'amusé-je.

– Vous avez fait vos emplettes ? enchaîne Philippe.

– Un peu, répond-elle, en plissant ses lèvres gourmandes rouge carmin.

– Montrez-nous cela.

La belle nous présente son butin sans discuter : trois parfums de marque, une paire d'escarpins, une ceinture Gucci noire, deux robes en soie et en laine fine anglaise, un chemisier blanc et un cardigan. Valeur approximative de l'ensemble : 4 000 francs (610 euros). Philippe examine son sac à main.

– Je comprends pourquoi cela n'a pas sonné à la parfumerie, me dit-il en me le montrant.

La cleptomane a tapissé tout l'intérieur de son sac de feuilles d'aluminium. Trop forte, la Courselle !

– Vous savez, je suis malade, se justifie-t-elle, contrite. Je suis suivie par un médecin pour mon addiction.

Addiction ou pas, nous devons tout de même terminer le boulot. Nous faisons le chemin en sens inverse pour alerter les commerçants des vols dont ils ont été victimes. Ils viendront tous déposer plainte au commissariat, mais l'affaire sera classée sans suite. Avec ses ordonnances, Marie-Angèle peut prouver ses rendez-vous chez l'addictologue. Quand je la raccompagne vers la sortie du commissariat, la séduisante bourgeoise me sert l'un des numéros de charme dont elle a le secret.

– Il ne faut pas m'en vouloir. Ces pulsions sont plus fortes que moi, s'excuse-t-elle à nouveau, en retirant ses lunettes noires pour mettre en valeur ses magnifiques yeux bleus. On peut en discuter autour d'un café, si vous voulez.

Cleptomane, nymphomane. Décidément, Madame Courselle a plus d'un tour dans son sac...

Qui s'y frotte s'y pique

Une ambiance chaude et détendue règne sur la place Saint-Michel, ce samedi après-midi de plein été. Ici, un peintre de rue agite ses bombes aérosol de toutes les couleurs. Là, des musiciens de jazz-rock font rugir leurs guitares et saxos sous l'œil captivé des touristes. Olivier et moi observons la scène un peu en retrait. Bientôt, mon regard se pose sur un homme de 35-40 ans, vêtu d'une chemisette blanche sur un pantalon moulant. Il observe, fait les cent pas. Il a tout l'air d'un pickpocket. Au bout d'un moment, je finis pourtant par m'apercevoir qu'il jette son dévolu uniquement sur les filles peu couvertes et qu'il a pratiquement tout le temps la main gauche fourrée dans sa poche. Pas de doute, c'est un frotteur à la recherche d'une proie.

Soudain, son œil se porte sur une jolie blonde élancée en mini-jupe. Grâce à l'effet de foule, il peut se rapprocher d'elle sans attirer les soupçons. La jeune femme est trop absorbée par la prestation magistrale offerte par le guitariste sur « Europa » de Carlos Santana pour s'apercevoir que le pervers commence à se masturber. Un sourire crispé barre son visage. Des gouttes de sueur perlent sur son front. On se prépare à intervenir. Comme il n'y a eu ni attouchement ni exhibition, on sait que l'individu ne risque aucune poursuite judiciaire. Il faut donc employer la méthode « maison ». Passe-partout dans son blouson noir, Olivier se glisse parmi la foule, s'approche discrètement de lui et lui plante dans la fesse la petite aiguille qu'il cache toujours dans son petit baise-en-ville. Le mec sursaute, son visage change de couleur. Il fait volte-face. Inutile de lui montrer notre carte, il a compris. La fille, elle, se retourne sans réaliser vraiment ce qui se passe.

On indique au frotteur de nous suivre vers l'impasse de l'Hirondelle, à l'abri des regards. Il a beau nier, la tache sur son pantalon parle pour lui. Pour le confondre, je l'invite à me montrer sa poche intérieure gauche. Il l'a trouée sur toute la longueur, comme ils le font tous. D'un ton tranchant, je l'enjoins de ne pas remontrer son nez dans le quartier. Olivier dresse une main courante pour garder une trace. On ne l'a jamais revu depuis.

Tireur d'élite

Une page de ma vie vient de se tourner. Après treize ans de mariage, je divorce de ma femme, la mère de mes deux aînés. Dans le RER D qui relie Louvres, où j'habite désormais, à Paris où je travaille, tout le film de notre histoire défile dans ma tête : notre rencontre au lycée Carnot à Bruay-en-Artois, notre mariage trois ans plus tard, nos premières vacances à Saint-Raphaël dans le Var, la naissance de John en 1984, puis de Vicky en 1987. Nous en avons quand même passé beaucoup ensemble, des bons moments ! Comment les choses ont-elles pu déraper ainsi ? Pourquoi en sommes-nous arrivés là ? Gare du Nord. Je descends du train pour prendre ma correspondance. Je regarde la pendule. 16 h 30. Je prends mon service dans une demi-heure pile. Pas de temps à perdre. J'accélère, lorsqu'une main me tape sur l'épaule. Patrick, un ancien collègue qui a servi pendant quelques années à la Bac du VIe avant d'être muté en brigade dans le XVe.

– Quelle surprise ! m'exclamé-je, en arborant un large sourire. Je suis content de te voir !

Je suis sincère. Malgré son petit gabarit, Patrick était un excellent flic de flag' : malin, habile, rigoureux à souhait. J'avais beaucoup de plaisir à travailler avec lui.

– Qu'est-ce que tu fais ici ?

– J'ai un rendez-vous au jardin du Luxembourg, m'explique-t-il avec son magnifique accent corse.

– Ah, ben, super, on va pouvoir faire le chemin ensemble. Moi, je vais bosser...

Nous empruntons les escaliers pour rejoindre le quai du RER B.

– Alors, ça va ? Qu'est-ce que tu deviens ?

– M'en parle pas, j'ai les boules ! Ma copine vient de me larguer. Elle a rencontré un jules au boulot qui lui a complètement retourné le cerveau.

– Il y a longtemps que vous étiez ensemble ?

– Quatre ans...

– Décidément, il y a une épidémie ! dis-je. Moi, je suis en plein divorce.

Le temps de nous raconter nos vies, nous arrivons sans nous en rendre compte à la station Luxembourg. Nous empruntons l'escalator et franchissons les tourniquets qui mènent au hall d'accueil. Une longue file d'attente se presse devant le guichet et les caisses automatiques.

Soudain, Patrick me donne un coup de coude.

– Regarde, là, droit devant !

Un brun, la trentaine, vêtu d'un trench en cuir noir, d'un jean et de chaussures Weston, examine attentivement tous les faits et gestes des usagers qui passent. Ses yeux naviguent d'une personne à une autre à une vitesse déconcertante.

– Tu penses la même chose que moi ?

– Absolument !

Un tireur dans toute sa splendeur ! Adeptes des lieux publics très fréquentés comme les rames de métro, les marchés, les bars branchés et les grandes manifestations, les tireurs, comprenez les pickpockets, sont les voyous les plus difficiles à coincer en flag'. Doués d'une étonnante dextérité, ils prennent d'infinies précautions avant de passer à l'acte.

Avec eux, il faut faire très attention à ne jamais croiser leur regard pour ne pas se faire démasquer. Sans nous concerter, Patrick et moi nous séparons. Priorité numéro un ? Trouver chacun un point de surveillance pour nous permettre de voir sans être vus. Patrick se cache dans la cabine d'un Photomaton ; moi, je fais semblant de prendre un ticket à la caisse, montre discrètement ma carte de réquisition à la guichetière et lui demande de bien vouloir me laisser pénétrer dans le bureau. À l'intérieur, je dispose d'un angle de vue unique. Le rapace cherche manifestement une proie.

Quelques instants plus tard, une femme blonde, appareil photo en bandoulière et sac Quechua sur le dos, sort de la bouche du RER, les yeux plongés dans son guide touristique de Paris. Aussitôt, l'individu marche sur ses talons. Je le vois attendre que les voyageurs s'agglutinent dans l'escalier pour pouvoir approcher discrètement sa victime et commencer le travail, avant d'être finalement obligé de renoncer car des personnes sont collées à elle. Il redescend les marches et revient à sa place initiale. Quinze minutes s'écoulent. Un vieillard à lunettes sort du tourniquet au ralenti. Appuyé sur sa canne, il range sa carte orange dans sa pochette. Bingo ! Par ce geste, le vieil homme, sans s'en rendre compte, vient de révéler au tireur l'endroit exact où il a rangé son portefeuille. Le pickpocket ne devrait pas tarder à sévir.

Le papi se dirige tranquillement vers la sortie, suivi de près par le tireur. À l'époque, le portable n'est pas encore né, je n'ai donc aucun moyen de communiquer avec Patrick. Cela ne m'inquiète pas plus que ça. En bon flicard qu'il est, il saura parfaitement quoi faire. Je sors du bureau, gravis les premières marches. Mon acolyte, qui a tout de suite compris la manœuvre, me suit un peu en retrait. Soudain, le malfrat s'arrête. Allez savoir pourquoi, il abandonne, fait demi-tour et se retrouve face à moi. Il me regarde mais ne se méfie pas.

Je continue mon chemin comme si de rien n'était et regagne la surface. Patrick, lui, a fait demi-tour et est reparti dans sa planque. Maintenant, il n'y a plus qu'à prendre notre mal en patience.

Je fais les cent pas devant l'entrée de la bouche du RER. Les minutes me paraissent une éternité. Au bout d'un quart d'heure, le pickpocket reparaît dans les escaliers, collé derrière une jeune fille. Cette fois, nous y sommes ! Je vois le tireur poser la main sur la fermeture à clapet de son sac à main et saisir son portefeuille du bout des doigts. La demoiselle n'y voit que du feu. L'infraction consommée, l'homme monte les dernières marches à toute bringue et fait rapidement le tri du larfeuille dans la première poubelle. Pendant qu'il est ainsi occupé, je me poste derrière lui et mets subitement ma carte de police devant son nez. « Inutile de t'enfuir si tu ne cours pas le 1 000 m en moins de 2 minutes 50 secondes. »

Le voleur est beau joueur. Il avoue tout de suite son forfait. Pendant que je le menotte, Patrick revient avec la plaignante. Une condition *sine qua non* pour boucler l'affaire. Un tireur sans plaignant, c'est ni plus ni moins qu'un mec avec un portefeuille trouvé. Aucune poursuite possible. Le regard malicieux, mon ex-collègue me murmure à l'oreille : « Tu vois, le flag', c'est comme le vélo, ça ne s'oublie pas... »

À l'arraché...

Une fin d'après-midi ensoleillée de mai 1994. La rue de Rennes affiche comme un air d'été : les terrasses sont bondées, les magasins climatisés ne désemplissent pas. Alors responsable de la Bac jour, je suis en patrouille dans une R19 grise banalisée avec deux collègues. Chauffeur hors pair, Marc est au volant, Patrice, un Ch'ti comme moi, occupe la banquette arrière, moi le siège passager. On échange des banalités, on plaisante.

– T'as vu ce soleil aujourd'hui ? fait Marc avec ces inflexions propres aux gens du Sud-Ouest.

– Un temps à attraper des voyous ! continue Patrice.

On atteint tout juste la place du 18-Juin lorsqu'on repère un scooter noir chargé de deux individus coiffés d'un casque à visière teintée. Ils roulent au pas le long du trottoir, le regard braqué sur la foule. De toute évidence, ils cherchent quelque chose. Bien que « banalisée », notre voiture est trop repérable pour nous permettre de les suivre de près. Il faut adopter une stratégie plus discrète. Marc dépose Patrice en haut de la rue de Rennes, reprend de la vitesse et double le deux-roues. Les yeux fixés sur le rétroviseur, il s'échappe trois cents mètres devant, me laisse à mon tour au métro Saint-Placide... À pied parmi la foule, Patrice et moi pouvons observer notre cible plus discrètement. Reste à compléter notre effectif pour procéder, le moment venu, à l'interpellation. Par radio, je propose à Marc de prendre en renfort Jonathan et Christian, deux collègues en ronde, à pied, quelques rues plus loin, puis de se mettre en position d'attente, boulevard Raspail. Un des plans de fuite possibles, mais pas le plus probable… J'ai le scooter bien en vue. Il roule droit vers moi. Je sens qu'il va se passer quelque chose. Au niveau du métro Saint-Placide, le deux-roues fait brusquement demi-tour et remonte la rue vers la tour Montparnasse. Ce que je pressentais semble bel et bien se confirmer.

« Tenez-vous prêts », préviens-je par radio. J'en suis sûr, les suspects vont passer à l'acte d'une minute à l'autre. Il est temps que Christian me relève de ma position. Une chasse peut vite tourner au drame si les arracheurs refusent de s'arrêter. Je préfère donc être aux côtés de Marc pour temporiser si nécessaire. À ce moment, le pilote pousse brusquement une pointe d'accélération puis, à la hauteur de Tati, il décélère, grimpe sur le trottoir et fonce sur une jolie rousse sortant du magasin, son sac en cuir tressé sur l'épaule gauche. Sans attendre, on envoie. On sait qu'on n'a aucune chance de les rattraper si on n'a pas un temps d'avance. Le passager à l'arrière du scooter se redresse alors légèrement sur ses jambes, tend le bras et arrache brutalement le sac. Aussitôt, le conducteur met les gaz et file droit vers la place du 18-Juin. Je l'aurais parié. Par cet itinéraire, ils quitteront tout de suite le VIe arrondissement. Un bon plan pour nous mettre en difficulté. Avant de changer de secteur, nous devons requérir l'autorisation de basculer sur une autre fréquence radio, ce qui nous fait perdre de précieuses minutes. Manifestement aguerri, le pilote se place sur la file extérieure gauche pour ne pas se laisser enfermer par le flot des autos. Marc fait de même et enclenche le deux-tons. L'arracheur à l'arrière se retourne. Instinctivement, il se débarrasse du sac compromettant, mais Patrice, qui a suivi toute la scène, se précipite pour le ramasser. « TN 06 de Bac 06. En chasse derrière un Piaggio blanc », annoncé-je, le cœur palpitant.

Engagé dans le boulevard du Montparnasse, le scooter tente le tout pour le tout. Passe un premier feu rouge. Puis un deuxième. La tête froide, je glisse mon 357 entre mes jambes, prêt à jaillir de la voiture. Carrefour des Invalides : la route s'élargit, la circulation devient fluide. Marc en profite pour grignoter du terrain sur les fuyards. Ça y est, nous avons refait notre retard. Le deux-roues ralentit, feignant de s'arrêter, puis accélère de nouveau et s'engage sur le trottoir de la contre-allée, à pleine vitesse. Trop vite. Il freine violemment, ses pneus crissent, mais il heurte de plein fouet un parc à vélo. « Police ! » crié-je d'un ton menaçant en braquant mon calibre sur les deux complices, allongés à terre mais indemnes. Marc et Jonathan procèdent à la palpation et au menottage. De son côté, Patrice me confirme par radio qu'il a récupéré le sac, retrouvé la victime et deux témoins. Les arracheurs vont pouvoir être confondus, mis en garde à vue et déférés. Opération terminée.

Un corps sans tête

Dans ce métier, on a beau se blinder, se forger une carapace épaisse, il est des interventions qu'on n'oublie jamais. Longtemps ont ainsi défilé dans ma tête les images de cette satanée soirée de juillet 1995.

Il est 23 heures, peut-être un peu plus. Je suis en ronde quai Saint-Michel avec Patrice et Jean-Marc, deux Ch'tis comme moi. Nous n'avons rien à nous mettre sous la dent depuis trois heures, alors nous papotons, comme des nanas. Je leur annonce mon deuxième mariage avec Corinne, avec qui je file le parfait amour.

– T'as pas l'impression de faire une connerie une seconde fois ? me titille Patrice avec son franc-parler habituel.

Le feu passe au rouge. Jean-Marc ralentit et se colle derrière deux grosses cylindrées flambant neuves qui nous précèdent. La marque, je n'y prête guère attention. Je ne suis pas un fervent amateur de mécanique. Ce qui me frappe, en revanche, c'est la chemisette à carreaux jaunes et bleus que porte l'un des deux motards. Je ne peux m'empêcher alors de penser à Bruno, un vieil ami d'enfance grièvement blessé alors qu'il roulait sans combinaison. Feu vert. Jean-Marc a à peine le temps d'enclencher la première que le pilote aux bras nus nous a déjà mis deux cents mètres dans la vue. Le vrombissement de son moteur bourdonne encore dans mes oreilles quand je vois son gros cube rouge disparaître dans le virage de l'Institut de France. Je hausse les épaules et nous reprenons tranquillement notre route dans le sillage du second bolide lorsqu'un impressionnant jet d'étincelles surgit au loin dans le ciel. Je voudrais me tromper, mais mon instinct me dit qu'un drame vient de se produire. Jean-Marc appuie à fond sur la pédale d'accélérateur. Au niveau du pont des Arts, le motard qui nous précédait pile net : la 900 Ninja rouge de son ami est couchée au milieu de la route. L'homme se précipite sur la scène de l'accident, mais il n'a pas fait trois mètres qu'il recule d'effroi et s'éloigne en hurlant. Tout autour, les piétons s'écartent du trottoir avec la même expression d'épouvante. J'avance, en m'attendant au pire... Et c'est l'horreur. Je découvre un corps sans tête. Seule subsiste la mâchoire inférieure.

Je m'empresse de recouvrir le corps mutilé avec la première chose qui me tombe sous la main : le tapis de sol de la Citroën ZX. Mais il faut encore récupérer la tête. Où est-elle passée ? J'ai beau chercher, je ne la retrouve pas à proximité de l'accident. Aurait-elle roulé jusqu'aux quais de Seine en contrebas ? J'envoie Jean-Marc en reconnaissance. Il descend en hâte les escaliers quatre à quatre et, derrière les arbres, aperçoit un casque noir. Il le ramasse et le lâche immédiatement en voyant les lambeaux de chair qui pendent : la tête de la victime est restée à l'intérieur.

– Oh, le con, ça va être dur de réfléchir maintenant ! s'exclame Jean-Marc en revenant vers nous.

Cela peut choquer, mais il n'y a rien de tel que l'humour pour ne pas se laisser submerger par l'émotion. Pendant qu'il sécurise la zone en vue des constatations, Patrice rassemble l'ensemble des témoins sur le bas-côté pour prendre leurs premières déclarations. Surpris par un feu rouge à la sortie de la courbe, le jeune motard aurait violemment freiné, guidonné, percuté de plein fouet une Super 5 bleue à l'arrêt, avant de venir s'encastrer dans le stand d'un bouquiniste fermé. Un choc terrible, selon les témoins. Sirène hurlante, la Brigade des accidents débarque alors en force. C'est bon, on peut replier. Et passer à autre chose. En tout cas, essayer...

Le lendemain, on renquille pour sept heures de service. Quand je me pointe au commissariat à 17 heures, un gardien de la paix, dehors dans la consigne, s'affaire à relever la plaque de tous les deux-roues accidentés et volés qui ont été remorqués sur notre secteur dans les vingt-quatre heures. Derrière les barrières, un homme courtaud, âgé d'une cinquantaine d'années, le regarde faire, anéanti. Le père du gosse tué la veille au soir sur les quais... « C'est moi qui lui ai offert cette saloperie de moto il y a quinze jours pour son bac », confie-t-il à mon collègue lorsqu'il consigne la 900 Ninja.

Je voudrais aller lui parler, tenter de le réconforter, mais je m'éloigne. J'ai trop peur qu'il me réclame des détails sur la mort tragique de son fils.

Tabassage au bois de Boulogne

« Répression bois de Boulogne. » Le télégramme envoyé par le district est on ne peut plus explicite. Nous devons ramasser des travelos et des tapins. Dans les années 1990, le bois de Boulogne, dans le XVIe arrondissement, est un poumon de l'industrie du sexe. Rien à voir avec le tapin de quartier de la rue Saint-Denis. Drogue, agressions, bagarres... Ici, c'est véritablement de traite humaine, d'esclavage moderne qu'il s'agit. Je m'en rends vraiment compte ce soir d'avril 1996... Cela fait tout juste six mois que je commande la Bac nuit. Succéder à Patrick, un major très compétent et apprécié qui a dirigé le service pendant près de quinze ans, n'est pas chose aisée. J'ai beau avoir de l'expérience en flag', je ne suis pas aguerri à la délinquance nocturne. Les bagarres, les agressions, les vols à la roulotte, les affaires de mœurs, la police administrative... Tout ça est nouveau pour moi. Je ressens d'autant plus la pression sur mes épaules que la plupart de mes hommes sont des nuiteux chevronnés. Ainsi en est-il de Jean-Michel, Bernard et Hervé, qui ont tous entre dix et vingt-cinq ans d'expérience au compteur. Le doyen ? Jean-Michel, un excellent flic au caractère bien trempé. Sur la seconde marche du podium, Bernard, syndicaliste convaincu, qui aime jouer les empêcheurs de tourner en rond.

Derrière ses airs bourrins, Hervé, lui, cache une humanité et une gentillesse inouïes. « Je vais charger le matériel dans le coffre de la R19 », me propose-t-il spontanément. Bombes lacrymogènes, lampes torches, Serflex – la sangle en plastique utilisée comme menottes provisoires lors des manifestations –, gants en cuir, il faut prévoir le nécessaire pour enrayer d'éventuels débordements. Bernard, conducteur averti, s'installe au volant. Après quinze minutes de route, nous arrivons devant le mythique stade de Roland-Garros, en lisière des fourrés. C'est ici que nous avons rendez-vous avec le commandant responsable du service et les autres unités engagées : les Bac 16 et 08 ainsi qu'une unité de district. Le car 506, spécialisé dans le transport des manifestants, est également détourné de sa mission habituelle pour l'occasion.

« L'objectif est de procéder à un maximum de contrôles d'identité, aussi bien parmi les prostituées que parmi les clients ou les promeneurs, explique le commandant. Nous allons nous répartir par secteurs. Vous, vous prenez le premier tronçon du début de l'allée de la Reine-Marguerite jusqu'à l'avenue de l'Hippodrome. Vous, vous contrôlez jusqu'à la route de la Grande-Cascade. Vous, vous nettoyez jusqu'à l'allée de Longchamp, et vous, vous vous chargez de la dernière partie jusqu'au rond-point de la Porte de Madrid... » Une fois les consignes données, l'officier nous communique l'indicatif de référence à transmettre sur les ondes pendant toute la durée de la mission, ainsi que les indicatifs des autres effectifs engagés en cas de besoin. « Des questions ? » Pas de question.

Nous pouvons commencer à faire le tour du propriétaire : des centaines de véhicules stationnés au milieu de la chaussée de façon anarchique, des contre-allées noires de monde. Je n'ai jamais vu ça ! Jean-Michel s'improvise guide. « En première ligne, tu trouves le haut du panier », commente-t-il, très sérieux. Effectivement, de magnifiques créatures aux longues jambes fuselées et aux fesses bien galbées se dandinent, à moitié dénudées, sur le trottoir.

Travelos ou tapins, Brésiliens ou Roumaines, un vrai microcosme ! Une ravissante amazone profite de la douceur du mois d'avril pour entamer une démonstration de danse, complètement nue, au milieu de la circulation. Au volant de leur voiture, les clients potentiels ralentissent pour admirer le spectacle. Des hommes de tout niveau social, de toutes origines, réunis par leur amour souvent maladif du sexe. Embouteillage monstre. Une Porsche 911 noire s'arrête le long du trottoir. La belle blonde ouvre la portière et s'assied à côté du conducteur.

Jean-Michel poursuit sa présentation, imperturbable. « En seconde position, les deuxièmes mains. Et enfin, à l'intérieur du bois, les gravats, tous ceux que la drogue, le froid, l'alcool et les coups ont ravagés au fil du temps. » La comparaison est sévère mais somme toute assez juste. Bernard gare la R19 le long du trottoir. « Allez, on y va. »

Nous approchons d'un groupe de travelos.

– Police !

L'un deux, un grand brun très bien roulé, proteste.

– Mais nous ne faisons rien de mal !

Le décalage entre son allure efféminée et sa voix rauque de camionneur me donne envie de rire.

– Écoute, Madame, Monsieur, le recadre Bernard. Nous vérifions simplement vos papiers. Si vous êtes en règle, pas de problème, nous vous fichons la paix. Sinon, c'est embarquement immédiat pour le ballon.

Alors que nous finissons notre contrôle, je remarque une bande de cinq énergumènes particulièrement virulents. Habillés en survêtement à capuche et portant une casquette, ils braillent, insultent les travelos et bousculent les clients. « Ce sont vraiment de sales petits morveux », me confie le jeune tapin, en désignant le groupe de banlieusards. Ils nous injurient, exigent des petites gâteries gratis. Si nous refusons, ils nous agressent ou nous piquent notre argent. Ils ne respectent rien ni personne !

Nous remontons en voiture et suivons les cinq excités à distance. L'un d'eux mime des gestes obscènes en portant la main sur son sexe. Ça va dégénérer, je le sens. Soudain, ils se resserrent pour discuter puis disparaissent derrière les arbres. Jean-Michel, Hervé et moi partons immédiatement sur leurs traces.

Quelques instants plus tard, un hurlement de douleur retentit. Dans les ténèbres, nous devinons les ombres des cinq individus qui courent vers la contre-allée. Je pars au petit trot avec Hervé et Jean-Michel, tandis que Bernard nous suit en décalé à bord de la R19. Les fauteurs de trouble ne voient rien venir, trop occupés à fouiller le sac qu'ils ont piqué à leur victime. Nous les saisissons par-derrière. Ils se débattent comme de beaux diables, mais nous les plaquons au sol sans ménagement, alors que des tapins à la mine réjouie s'agglutinent pour assister à la scène. Lors de la fouille, nous retrouvons sur l'un des suspects un cutter taché de sang. Nous sommes en train de les menotter lorsque le travesti agressé apparaît à son tour, soutenu par deux « collègues » solidaires. Il présente une large entaille au bras et perd énormément de sang. J'attrape un chiffon dans la boîte à gants de la R19 et le tends à la victime. « Faites un point de compression sur votre blessure… On contacte le Samu. »

Jean-Michel appelle en renfort nos collègues des Bac 16 et 08 pour canaliser les curieux. Une fois les jeunes désœuvrés embarqués dans le car de police, les tapins semblent soulagés. La grande gigue un peu rebelle qui nous avait pris à partie lors du contrôle tout à l'heure s'avance vers nous, en nous gratifiant d'un sourire reconnaissant : « Merci, Messieurs. Vraiment. »

Coke en stock

Les opérations de stupéfiants, c'est un peu la chasse gardée des stups. Alors, à la Bac, nous en menons assez peu. Ce jour glacial de l'hiver 1997 est l'une des exceptions qui confirment la règle. Je tourne avec Jean-Marc, un Nordiste de ma génération, et deux vieux loups de mer expérimentés, Bernard et Jean-Michel. Pour moi, le gratin de la brigade. Ils font toujours preuve de professionnalisme et connaissent parfaitement leurs tâches. Un seul chiffre pour témoigner de leur talent : à eux deux, ils totalisent plus de 15 000 mises à disposition de la justice... Ça impose tout de suite le respect. Le revers de la médaille, c'est que pour commander des gaillards de leur trempe il faut un solide bagage de connaissances, du charisme et un mental d'acier. Je m'en rends compte une fois de plus.

Dans la voiture, la discussion tourne autour de nos jeunes recrues. Le débat est plutôt animé. Jean-Michel et Bernard jugent Fabien trop juste pour rester dans notre équipe. Intransigeants, ils ne tolèrent pas la moindre erreur, la moindre faute. Je ne suis pas d'accord.

– On doit lui donner sa chance. Avec le temps, il apprendra. D'ailleurs, avec nous, il ne pourra que progresser.

– Mais enfin, Daniel, redescends sur terre ! rétorque Bernard. On ne peut rien pour ce gosse !

Plutôt que de m'énerver, je préfère jouer la carte de l'ironie.

– T'as raison. Vous, vous êtes les meilleurs Bacmen au monde. Inclassables dans votre catégorie, leur lancé-je en souriant. D'ailleurs, vous êtes tellement surdoués que vous n'avez jamais rien eu à apprendre. Même à vos débuts, vous saviez déjà tout !

Jean-Michel n'apprécie guère mes sarcasmes. Il s'énerve et, comme à l'accoutumée, commence à bégayer. Jean-Marc, Bernard et moi ne pouvons nous empêcher d'éclater de rire, mais Jean-Michel, à la fois vexé et campé sur ses positions, coupe court.

– Tu, tu, sais Da-a-niel, dit-il sèchement. I-il y a une di-i-fférence entre un dé-dé-but-t-tant qui a-a de-de l'a-avenir et un nul. Et-et que tu-u le veuilles ou non, ton pe-e-tit pro-o-té-gé est nul. Point-int à-à la ligne !

Là, il dépasse vraiment les bornes. Mieux vaut clore tout de suite le débat.

– Écoute, Jean-Michel, que ça te plaise ou non, c'est moi qui prends les décisions. Fabien restera avec nous. On le formera et je suis sûr qu'il y parviendra. Je crois en lui.

– Ok, ok, co-o-mme tu vou-ou-dras. Mais si-i-il y a un pro-o-blème, tu-tu ne pourras pa-a-as dire que je-e ne-e t'avai-ai-ais pas pré-é-venu.

– Bien-in sû-û-r, mon-on pou-ou-let ! dis-je sur un ton goguenard, en faisant exprès de bégayer et de gesticuler dans tous les sens.

Les pommettes empourprées, Jean-Michel assène le coup final.

– Arrê-ê-tez de vous mo-o-quer des-es han-di-dicapés !

La phrase est dure et un silence pesant s'installe dans la R19. Nous roulons dans la rue de Vaugirard en direction de la rue de Rennes lorsque, soudain, Bernard s'agite et nous montre du doigt un cycliste qui remonte la rue en contre-sens.

– Matez le mecton sur le vélo. Je l'ai déjà serré pour de la blanche !

Le type, de taille moyenne, dégarni, roule nonchalamment une clope au bec. Complètement désinvolte. Bernard l'observe attentivement. Il a un pressentiment bizarre. Une sorte de flash comme on peut en avoir parfois en Bac. Chez les douaniers, on parle de flair. C'est un peu de ça dont il s'agit. On repère une personne, un groupe, une situation suspecte, et ça fait tilt. Là où d'autres n'y verraient que du feu, nous, nous calculons tout de suite. L'instinct.

– Je vous assure, insiste-t-il. Ce loulou, il n'est pas clair. Soit il livre, soit il en a sur lui. J'en mets ma main à couper !

Je ne cherche pas à le contredire ; le flair, ça ne se discute pas.

– D'accord, allons vérifier tout ça !

Mais on ne peut pas arrêter quelqu'un sans motif. Il faut donc trouver un prétexte. Le problème ne se pose pas longtemps : le suspect circule en sens interdit sur son vélo. Le voilà notre motif d'interpellation : infraction au Code de la route ! Très à l'aise au volant, Jean-Michel tourne à gauche dans la rue de l'Abbé-Grégoire, puis encore à gauche dans la rue du Cherche-Midi pour revenir en amont dans la rue de Vaugirard. Bien joué ! Notre homme file droit sur nous. Il semble tellement dans les nuages qu'il ne se rend compte de rien. Bernard descend de voiture et, quand le mec arrive à notre hauteur, il lui fait signe de s'arrêter. Le cycliste le dévisage. Manifestement, cela lui remémore des souvenirs.

– Ah, salut chef ! lance-t-il sur le ton de la plaisanterie, comme pour se tranquilliser. Alors, la Bac fait de la répression au Code de la route maintenant ? C'est drôle ça !... Bon, vous n'allez quand même pas m'aligner pour le sens interdit. Franchement, je suis un peu à la bourre, là.

– Écoute-moi bien, mon bonhomme, lui dit Bernard,

sur un ton beaucoup moins léger. Je m'en cogne de ton sens interdit. Mais si je dois me servir de cette infraction au Code de la route pour te serrer, compte sur moi, je le ferai. Parce que, tu vois, là, je suis persuadé que t'es chargé. Alors tu vas nous suivre au commissariat et on va te faire la totale : une fouille à corps approfondie comme on les aime et un interrogatoire pas piqué des hannetons. Tu vas voir, tu vas adorer.

Le ton de notre cycliste change du tout au tout...

– Non, chef, la came, c'est fini pour moi, et depuis longtemps ! J'ai assez payé comme ça. Maintenant, je m'en suis sorti et je ne veux plus retomber dans toute cette merde. Vous le savez très bien, chef... Sérieux, vous ne me trouvez pas changé ? Et vous croyez que si je me camais encore, je serais capable de monter sur un vélo ? Allez, c'est bon, lâchez-moi ! Laissez-moi partir maintenant !

Des badauds commencent à s'agglutiner près de notre R19. Une voiture de la Bac avec un gyro sur le toit qui tourne, un vélo posé à terre, trois flics avec un brassard orange « Police » et un autre policier au volant, ça attire toujours des curieux ! Dans d'autres circonstances, je les aurais poussés à se disperser. Là, leur présence joue plutôt à notre avantage. Notre client se sent encore plus oppressé. J'en profite pour entrer dans la danse aux côtés de Bernard.

– Écoute, coco. Je veux bien croire que tu ne te charges plus ou que, là au moins, t'es pas chargé, mais tu deales, j'en suis sûr. T'es pas net !

Le mec a de plus en plus de mal à respirer. Quelques gouttes de transpiration dégoulinent sur son front et son regard est fuyant. L'attitude caractéristique des suspects qui ont quelque chose à se reprocher. Je pousse encore le bouchon un peu plus loin.

– Tu vois, nous, les hommes, nous ne sommes que des

animaux améliorés. Quand on va mal, ça se sent immédiatement. Toi, t'es à la rue et tu balises comme une pute.

Et Jean-Michel d'enfoncer le clou.

– Allez, on t'embarque au commissariat pour une fouille à corps en bonne et due forme.

Le cycliste se décompose de plus en plus. C'est le moment de lui faire cracher le morceau.

– À toi de voir. Soit tu coopères et tu nous dis maintenant ce qu'on veut savoir, soit on te confie à l'OPJ, et là, crois-moi, ce sera ni la même musique ni la même sanction.

À cet instant, Bernard et moi jouons un gros coup de bluff ! La seule carte que nous ayons dans notre jeu, c'est le pouvoir. Mais vu les antécédents et la nervosité du spécimen, ça peut suffire pour le faire tomber. À son regard fébrile, je sens qu'il est au bord de craquer.

– Bon, ok, dit-il. J'ai acheté dix grammes de coke à un type pour faire une livraison. Mais c'est tout !

– Tu vois, quand tu veux, l'encourage Bernard en lui tapotant gentiment la tête. Tu es sur la bonne voie, mais tu ne vas pas t'en tirer comme ça, t'imagines bien. Je te propose un marché : si tu nous dis où tu as acheté la dope et si je peux confirmer, je te laisse partir sans passer par la case OPJ et commissariat. D'accord ?

– Si je vous dis ce que vous voulez savoir, je peux repartir avec la came ? tente-t-il effrontément.

– Euh, tu te crois où, là ? On n'est pas au BHV, ici ! On te fait déjà un super cadeau en te proposant de te laisser partir sans poursuites.

Et Jean-Michel de renchérir :

– Tu nous prends pour des jambons ou quoi ! Il ne faut quand même pas charger la mule. La drogue, on la garde, et toi, tu nous files l'adresse et le nom de ton dealer, puis tu débarrasses vite fait le plancher !

Cerné de toutes parts, sans aucune issue de secours, le diable sait qu'il est fichu. Le grand déballage commence. Il dit avoir acheté la poudre au domicile d'un trafiquant, rue de l'Abbé-Grégoire. Puis il nous explique qu'en arrivant devant l'immeuble il faut composer le code d'entrée puis, une fois dans le hall, sonner à l'interphone au nom indiqué. Là, on vous demande un prénom et un mot de code. C'est bon signe : le dealer est prudent, il prend toutes les précautions nécessaires.

– Comment tu récupères le code ?

– Il faut aller dans un bistrot de la rue du Cherche-Midi, prendre contact avec un type qui se fait appeler « L'Américain ». C'est lui qui donne le code et prévient le dealer de notre arrivée.

– Tiens, tiens, ça m'a tout l'air d'une nourrice, ça...

Pendant que Jean-Marc garde notre bavard, je me mets un peu en retrait pour toucher deux mots à Bernard et Jean Michel.

– Chapeau, Bernard. T'as vraiment flairé le bon coup ! Comme le mec parle, ça tient la route. Mais, attention, on ne fait pas tomber une nourrice comme ça, vous le savez aussi bien que moi. En plus, nous ne sommes plus dans notre domaine, là : c'est de l'investigation pure. Je propose donc qu'on fasse des regroupements, qu'on dresse un procès-verbal de renseignement et qu'on prévienne les stups.

– Tu rigoles, j'espère ! s'écrie Jean-Michel. On a tous les éléments pour faire tomber le réseau et tu voudrais qu'on refile tout aux stups sur un plateau ? Mais putain, Daniel, on tient une affaire en béton. On est capables d'y aller nous-mêmes, merde !

Ses objections m'agacent. Décidément, il n'a vraiment rien compris !

– Tu sais, Jean-Michel. Il n'y a pas de honte à donner

un bon tuyau aux collègues lorsqu'on sort de notre champ d'action. Tu vois, quand tu as mal au cul, tu vas voir un gastro, pas un cardiologue ! Eh bien, nous, c'est pareil !

Bernard rigole en coin, tandis que Jean-Michel continue de râler dans sa moustache. Nous revenons auprès de notre informateur de circonstance.

– Tu peux m'en dire un peu plus sur ton fournisseur ?

– C'est un homme de 30-35 ans, français. Il crèche dans un immeuble plutôt bourge dans la rue de l'Abbé-Grégoire. Quand tu rentres chez lui, le contact est très rapide. Pour ne pas prendre de risque, on paie la dose à l'Américain et le dealer donne la came. Aucune transaction financière avec lui.

En bonus, notre balance nous livre même le code d'entrée. L'immeuble est à deux pas. Avant de transmettre l'affaire aux stups, je préfère aller vérifier les infos. Donner une fausse piste aux collègues fait toujours très mauvais genre. Arrivé devant la belle porte marron, je compose le code : le bip sonne. Le mec ne nous a pas menti. Je sors mon passe, franchis la seconde porte et gravis les deux premiers étages par les escaliers pour ne pas être repéré. Sur le palier, je remarque immédiatement la petite caméra qui filme la porte d'entrée du dealer. Heureusement, je ne suis pas dans le champ. Il n'a pas pu me griller. Je fais demi-tour. J'en sais suffisamment. Je pars retrouver mes équipiers.

Après avoir pris le soin de relever son identité, je décide de relâcher notre informateur.

– Je te préviens, t'as pas intérêt à faire le con. Si tu avertis ton contact qu'on est sur ses traces, on lui dira que c'est toi qui nous as tout révélé et on lui filera ton adresse.

Évidemment, jamais je ne mettrais ces paroles à exécution mais, dans ce genre de cas, la menace est souvent le seul moyen de faire taire les bavards. Les deux jours suivants, on planque devant l'immeuble pour vérifier les allers et venues.

Cinq visites chez le fournisseur. L'informateur disait bel et bien vrai. De retour au commissariat, je prends contact avec les stups. Quelques heures plus tard, deux mecs débarquent au poste pour récupérer nos constatations.

– Bien joué, c'est un très bon dossier, nous félicitent-ils.

L'affaire bascule dans leur giron. Ce n'est plus nos oignons. J'apprendrai néanmoins une semaine plus tard que la Brigade des stups aura réussi à démanteler le réseau, en infiltrant une « chèvre », un faux client dans un deal. Le procureur de la République ordonnera alors une perquise dans l'appartement et, grâce aux éléments réunis, les individus seront déférés devant la justice. Aucun regret à avoir : la police a gagné, et c'est le principal.

Pas si échangiste que ça

Cristo, c'est le Rocco Siffredi des années 1970-1980. Bourré de charme, il a été pendant trente ans la star du cinéma X français. Après plus de cinq cents films, l'homme aux mille femmes a mis sa carrière entre parenthèses pour devenir gérant du Clos-Palissy, une boîte à cul, située rue Bernard-Palissy, derrière l'ancien Drugstore Saint-Germain. Malgré sa réputation controversée, j'entretiens des rapports cordiaux avec lui. Classe et raffiné, il sait parfaitement tenir son établissement. Jamais de bagarres, jamais de drogue, jamais d'agressions. Enfin, jamais avant cette nuit de juin 1998...

J'interviens sur une noyade au 36, quai des Orfèvres, quand la radio lance un message sur les ondes.

– Bac 06 de TN 06. Le Clos-Palissy cherche à vous joindre. Pouvez-vous entrer en contact avec le patron ?

– Reçu pour la Bac.

Normalement, la surveillance des clubs échangistes relève plutôt de la Brigade de répression du proxénétisme mais, en cas d'urgence, c'est nous qu'on sollicite. Je sens l'inquiétude me gagner. Cristo a du métier. Il fait très rarement appel à nos services. Je saute dans la ZX et rejoins le central pour le rappeler.

– Salut Daniel, me dit-il au téléphone. Écoute, je suis vraiment emmerdé. J'ai un barjo chez moi.

– Comment ça, un barjo ?

– C'est un ancien caïd du grand banditisme qui a fait quinze ans de cabane pour braquages et tentative de meurtre… Je connaissais son pedigree mais il avait l'air calme, rangé. Je l'ai donc laissé entrer avec sa copine. Au début, tout allait bien. Mais dès qu'ils ont commencé à picoler et à faire du mélangisme, il est devenu agressif. Il ne supportait pas que les clients reluquent sa nana. Une jolie brune bien foutue en mini-jupe et talons aiguilles, c'est logique qu'ils la matent, non ? Je lui ai donc fait gentiment remarquer qu'il n'avait rien à faire dans ce genre d'endroits s'il ne voulait pas exposer sa femme aux regards. Et tu sais ce qu'il m'a répondu, ce con ? « Si tu m'emmerdes, je t'explose ta boîte et ta gueule, t'as compris ? » Faut que tu me tires de là, Daniel. Mais discrètement. S'il apprend que je t'ai contacté, je suis mort.

– Pas de souci, tu peux compter sur moi.

Dix minutes plus tard, je me présente devant le numéro 5 de la rue, une vieille façade en pierres de taille percée de quatre fenêtres. Quatre couples distingués font la queue. Costume et chemise noirs, chaussures italiennes Forzieri, Cristo me fait signe d'avancer. Je franchis le rideau rouge en velours et me retrouve dans une pièce voûtée en pierres apparentes, pleine à craquer. Mes narines sont tout de suite assaillies par des effluves de désodorisant à la violette. Un morceau de Martin Lopez passe en fond sonore mais des gémissements et des claquements de fouets en provenance du salon d'à côté viennent, par moments, couvrir la musique. Je tourne la tête. Derrière l'arcade se joue un incroyable spectacle : une blonde pulpeuse en bustier corset, mini-jupe de cuir et cuissardes à talons aiguilles se tient debout sur le dos nu de son compagnon, allongé sur la moquette, en string. Derrière eux, un énorme spécimen en tenue légère évolue à quatre pattes, une laisse autour du cou. Au fond, une rousse efflanquée en body vinyle savoure sa coupe de champagne assise, elle aussi, sur le dos de son partenaire, recouvert intégralement d'une combinaison en latex rouge avec des seins énormes en silicone. Je commande un Perrier au bar en attendant que Patrice me rejoigne. Tiens, quand on parle du loup ! Il s'installe à mes côtés, l'air pudibond.

– Un Coca, s'il vous plaît ! commande-t-il au serveur.

– Tout de suite, Monsieur.

Cristo se faufile parmi la foule. Il fait grise mine.

– Le gars est descendu dans les cellules au sous-sol. Avec sa tête de tueur, il sème la panique générale.

– Maintenant que tu as mis le loup dans la bergerie, j'ai bien peur effectivement que la castagne soit inévitable, estime Jean-Marc, qui vient de nous retrouver au comptoir.

– Allons prendre la température, proposé-je.

Nous traversons le couloir qui dessert plusieurs pièces aménagées, d'un ring de boxe, d'une table de gynécologie, d'un cheval d'arçons, de larges fauteuils avec repose-pieds, ou d'une boîte à trous, aussi appelée boîte à caresses. C'est alors qu'un cri strident retentit du sous-sol. Deux couples affolés remontent les marches en courant : « Appelez la police, appelez la police ! » Nous dévalons les escaliers et tombons nez à nez avec un blondinet fluet qui geint à genoux, la main plaquée sur sa joue béante et ruisselante de sang. De sa blessure pendent des morceaux de dents. Le regard aliéné, son agresseur admire son œuvre, un verre de bière ébréché à la main. Sa femme le dévisage, le teint livide. Je beugle « Police ! ».

« Venez me chercher, les poulagas ! » Patrice ne se le fait pas dire deux fois. Il décroche une formidable gauche au mec, qui immédiatement se rebiffe. Avec ses grandes paluches, il enserre le cou de notre copain de toutes ses forces. Jean-Marc et moi entrons à notre tour dans la bagarre. Un *o sôtô gari* pour le déséquilibrer vers l'arrière, suivi d'une bonne clé au cou, le forcené est maîtrisé et menotté. Mais il demeure trop agité pour être transféré dans les conditions standard. L'ultime recours ? La ceinture de contention, qui permet d'entraver les bras et la taille. Je sollicite donc l'engagement de police-secours – seule dotée de ce matériel –, tandis que Patrice se charge, lui, d'alerter les pompiers. Le barman descend de la glace enveloppée dans une serviette éponge mouillée et la pose sur le chapelet de dents de la victime, qui hurle à la mort.

– Que s'est-il passé ? demandé-je à l'épouse du caïd.

– Le monsieur m'a simplement regardée, murmure-t-elle, effondrée.

Il s'en sortira avec vingt-deux points de suture. Vingt-deux points pour un simple regard.

Chevauchée en sous-bois

Enjoué comme à son habitude, Jean-Marc arrive en sifflotant au commissariat. Avant de prendre son service, il discute quelques minutes avec un officier qui se prépare, lui, à partir. Quelques mots sur la prochaine réunion syndicale, deux-trois commentaires sur le tableau d'avancement révélé la veille par le patron. Puis il monte à la machine à café où, un gobelet à la main, Patrice me raconte la journée bien arrosée qu'il a passée en famille.

– Salut les gars ! lance-t-il en nous rejoignant, avant de froncer les sourcils devant la mine de Patrice. Eh ben, t'as pas l'air dans ton assiette, toi !

– Un peu fatigué, c'est tout...

Je ne m'en fais pas. Patrice est fiable. Même s'il semble un peu dans le brouillard, je sais qu'il répondra présent s'il y a de l'action... Malheureusement, de l'action, il n'y en a pas beaucoup sur notre secteur, ce soir d'octobre 1998. Les rues sont désertes. Les malfrats semblent tous rentrés chez eux. On roule, on observe, on cherche, aucun incident à signaler. Je regarde ma montre : bientôt trois heures du matin. Dans le rétro, je vois que Patrice commence à piquer du nez sur la banquette arrière. Une idée me vient alors. Depuis plusieurs jours, Jean-Marc nous gonfle avec ses histoires de bagnole. Sa vieille Peugeot crème va bientôt rendre l'âme, il ne parle que de la revendre pour la remplacer par une Audi A3, rien que ça ! Le soir, quand on en croise une en ronde, ses yeux se mettent à pétiller. On dirait un gosse devant un nouveau jouet.

– La situation ne devrait pas beaucoup évoluer maintenant, prédis-je. Si on allait faire un tour porte Dauphine ?

Jean-Marc est aux anges. Patrice semble plutôt amusé également. Nous savons tous les trois que, dans ce lieu bordant le bois de Boulogne, des particuliers exposent sauvagement les autos qu'ils ont à vendre, une fois la nuit tombée. Nous traversons donc tout Paris. Nous passons le pont de la Concorde, les Champs-Élysées, toujours animés à cette heure de la nuit, nous franchissons la place de l'Étoile et empruntons pour finir la prestigieuse avenue Foch, la plus large de la capitale, bordée d'arbres et de magnifiques pelouses. Dans les années 1980, cette même avenue était envahie par les couples échangistes, qui se donnaient rendez-vous à l'intérieur des caisses garées le long du trottoir, avec des codes qu'ils instauraient entre eux pour se reconnaître. Dans notre secteur du VIe arrondissement, on connaît plutôt les activités sexuelles dans les lieux fermés, ici, c'est dans la nature ou dans la rue que ça se passe. La clientèle n'est pas la même.

Nous parvenons tranquillement à la place Dauphine, réputée notamment pour sa faculté et son restaurant de haut vol, le Pavillon Dauphine. Le marché des voitures des particuliers a déjà commencé, de même que celui des prostitués homosexuels. Ils sont dans le froid à fumer des cigarettes et à attendre le client. C'est triste de voir ces moineaux prêts à vendre leur corps au premier inconnu qui passe. Enfin, ça, ce n'est pas notre boulot.

On s'arrête en bordure du rond-point, en feux de détresse pour permettre à Jean-Marc d'observer les véhicules exposés. Ils sont facilement identifiables : des petites affichettes sont posées sur le tableau de bord et indiquent, en lettres capitales, le prix, la marque, l'état général, le kilométrage et un numéro de téléphone fixe où joindre le vendeur. Les portables n'existent pas à l'époque ! On descend de notre R19 grise. Patrice sort une clope, Jean-Marc lui en taxe une.

– Je pensais que t'avais arrêté ? le taquiné-je.

– Oui, j'ai arrêté hier, mais aujourd'hui je reprends, répond Jean-Marc, très concentré, alors qu'il passe en revue les cinq ou six modèles présentés.

Son regard s'attarde sur une superbe BMW 320 noire, parfaitement briquée.

– Tu vas quand même pas investir dans un carrosse ! dis-je pour le chambrer. De toute façon, tu n'as pas les moyens de te le payer !

Au même moment, un malabar traverse le rond-point et fonce dans notre direction en criant. Avec son uniforme noir et ses rangers, le colosse, d'une quarantaine d'années, a tout l'air d'un agent de sécurité. De son côté, il a manifestement compris que nous étions des poulagas.

– Venez vite, y a une embrouille !

Depuis quelques jours, Renault expose, ici, à côté du Pavillon Dauphine, des berlines haut de gamme gardées par des vigiles, et trois types viennent d'essayer d'en forcer une. Jean-Marc regardera sa BMW une autre fois, maintenant, on a du pain sur la planche. Sur les talons du vigile, nous courons vers le lieu du casse. Un deuxième gardien nous indique que les trois voleurs ont pris la fuite vers le bois dès qu'ils ont été repérés. Leur collègue est à leurs trousses avec son chien. Je m'approche de la voiture fracturée. Effectivement, la belle Renault a une portière défoncée. Persuadé que les trois casseurs ont garé leur véhicule de l'autre côté du bois, Jean-Marc récupère notre R19 et fait le tour par la route, alors que Patrice et moi nous engageons dans le bois, toujours au pas de gymnastique. Entre la nuit noire et les feuilles mortes qui jonchent le sol, nous avons du mal à progresser entre les arbres. Et puis, soudain, on entend le chien du vigile japper au loin, un aboiement très particulier. Difficile de le localiser précisément. On se dirige à l'oreille. De son côté, Jean-Marc repère une Renault Safrane cabossée, parquée toute seule à l'extrémité du bois avec une attache caravane, et enclenche le bleu pour nous aider à nous situer. Au milieu d'un chemin, on tombe sur l'agent de sécurité. Il est au chevet de son berger allemand, allongé sur le flanc gauche, immobile. Son clébard, dit-il, a réussi à s'approcher d'un des fugitifs. Pour éviter d'être mordu, le casseur a enroulé son blouson autour de sa main et a tendu son avant-bras au molosse pour l'inciter à l'attaquer puis, lorsque le berger allemand s'est jeté sur lui, le gars lui a entaillé la nuque avec un couteau sur dix-quinze centimètres. L'animal, haletant, est conscient mais grièvement blessé.

Au même moment, dans la pénombre, Jean-Marc devine deux silhouettes qui courent vers lui. Mais, au lieu de s'arrêter à leur bagnole, ils remontent le long du périph'. Jean-Marc me prévient par radio. « Surtout, ne les perds pas de vue mais laisse le bleu pour nous aider à te retrouver ! » Patrice et moi regagnons la R19 en moins de deux minutes. Pendant ce temps, Jean-Marc attrape son poinçon et le pose sous le pneu arrière droit de la Safrane. La seule façon d'empêcher le troisième gus de prendre la fuite par la route. Puis il remonte vite au volant, coupe le gyro, allume les feux de croisement pour masquer la couleur du véhicule et part en trombe. Au bout de trois cents mètres, nous finissons par rattraper les deux individus et par les ceinturer. Menottage sans résistance. Lors de la fouille, on retrouve un cutter de sécurité qui sera placé sous scellés et un carnet de circulation. Le carnet des gens du voyage. Leur tire est remorquée pour être perquisitionnée par un OPJ et le chien transporté dans une clinique vétérinaire à la Plaine Saint-Denis. Lors de la confrontation, son maître reconnaîtra formellement les deux manouches, qui n'en étaient pas à leur coup d'essai.

Tirelires magiques

Il y a dix ans, les parcmètres de la capitale étaient de véritables bandits manchots. Des tirelires souvent pleines de pièces de monnaie, qui suscitaient régulièrement la convoitise des voleurs. À la veille du passage à l'an 2000 notamment, Paris fut confronté à un phénomène de dégradation et de vol d'horodateurs sans précédent. Toutes les nuits, des bandes organisées s'amusaient à briser les monnayeurs et à récupérer la recette de plusieurs journées. Un butin qui pouvait atteindre 6 000 francs (un peu plus de 900 euros) par machine. Ces vols me rendaient d'autant plus dingue qu'ils étaient commis par des enfants, en l'occurrence de jeunes Roumains, manipulés par un réseau très organisé. Leurs parents n'hésitaient pas à les lâcher dans la rue en pleine nuit pour voler. Ni à les maltraiter s'ils ne leur rapportaient pas la coquette somme qu'ils attendaient.

L'affaire commença lorsqu'un horodateur fut littéralement scié à sa base dans la rue Le Verrier. La nouvelle fit grand bruit dans le quartier. *Le Parisien* lui consacra une pleine page dans l'édition du surlendemain, faisant état de la réaction du maire d'arrondissement et de quelques habitants. Personne ne comprenait. Il en fallait quand même du culot pour piquer un équipement aussi lourd et encombrant dans une rue résidentielle en plein Paris ! Au début, nous pensions être aux prises avec de petites frappes prêtes à tout pour quelques pièces de monnaie. Mais, en quelques mois, les casses se multiplièrent et nous finîmes par comprendre la véritable motivation de leurs commanditaires : étudier tous les rouages du mécanisme du monnayeur pour apprendre aux jeunes à l'ouvrir plus facilement. Il était donc grand temps de mettre un coup d'arrêt à ces pratiques frauduleuses.

Cela faisait près de quatre mois que nous bossions dessus, sans résultat. À force d'enquêter, nous savions pourtant exactement comment ils agissaient. Leur technique était bien rodée. Les gosses étaient déposés dans les rues de Paris vers minuit. Ils commençaient par une reconnaissance du quartier, puis marquaient d'une croix l'horodateur à casser. Lorsque les guetteurs leur donnaient le feu vert, ils sortaient tout leur attirail : une perceuse électrique, un tournevis, un marteau et un sac en plastique solide. Alors ils fracassaient l'horodateur, récupéraient la monnaie et la cachaient sous une plaque d'égout. Au petit matin, les adultes n'avaient plus qu'à récupérer le magot et les apprentis délinquants, et le tour était joué. Plusieurs fois, nous avions réussi à choper des mineurs mouillés dans le réseau, mais nous n'avions jamais assez d'éléments pour les garder. Cela commençait sérieusement à nous taper sur les nerfs.

Ce soir-là, je suis au bureau avec Philippe, Jean-Marc et Jean-Michel, qui est remonté comme une pendule.

– Si on veut avoir une chance de se les faire, il faut changer de méthode, commence-t-il.

Il paraît si sûr de lui que nous l'écoutons tous attentivement.

– Jusqu'à présent, nous attendions toujours qu'ils aient commis leur méfait pour les serrer. Pourquoi ne pas prendre place avant le vol pour tenter de les devancer ?

Jean-Marc et moi approuvons l'idée. Encore faut-il qu'une bande vienne dans notre secteur, mais nous sommes disposés à tenter le coup. Affichant un sourire satisfait, Jean-Michel plonge la main dans la poche intérieure de son blouson et en sort un petit crochet confectionné de ses mains.

– Admirez ! Cet objet magique va nous permettre de relever les plaques d'égout et de récupérer les sacs d'argent !

Avant de nous mettre en route, je donne mes consignes au groupe.

– Philippe et Jean-Michel, vous resterez dans la Citroën, prêts à interpeller. Jean-Marc et moi serons en surveillance à pied. Compris ?

– Compris.

Une heure du matin. Les rues sont calmes. Pas de circulation. Derrière son volant, Jean-Michel aperçoit un petit groupe au fond de la rue Guynemer. Nous approchons. Décontractés, des jeunes zonards nous lancent des sourires narquois.

– Ils n'ont pas froid aux yeux, ceux-là, murmure Jean-Marc.

Je n'y prête guère d'attention, m'efforçant de rester concentré pour pouvoir anticiper leurs plans. Je réfléchis une seconde.

– Logiquement, ils devraient se diriger vers la rue Auguste-Comte et sévir du côté des jardins de la rue de l'Observatoire, analysé-je tout haut. Allez, vas-y... Il faut qu'on puisse se mettre en place avant leur arrivée.

Au volant, Jean-Michel prend toutes les précautions possibles pour ne pas se faire griller et s'arrête à quelques mètres des jardins. Jean-Marc et moi descendons, franchissons les grilles et nous dirigeons directement vers le centre du parc, plongé dans le noir complet. Jean-Michel et Philippe m'indiquent par la radio qu'ils sont sur le boulevard Saint-Michel, en attente du top départ. Tandis que nous attendons, je sens une petite boule se former dans ma gorge et mon rythme cardiaque s'accélérer. J'adore cette sensation.

Au bout d'un quart d'heure, je vois arriver la bande par la rue Auguste-Comte, marchant droit sur nous. Jean-Marc et moi restons cachés derrière l'une des très nombreuses statues. Le groupe s'arrête un instant, dont Jean-Marc profite pour se réfugier derrière un 4 x 4. Je ne peux le suivre. Les chenapans sont déjà dans les jardins, à quelques mètres de moi. À plat ventre sur l'herbe, j'ose à peine respirer, de peur d'être repéré. « C'est fichu, me dis-je en les voyant avancer encore dans ma direction, ils vont me griller ! » Eh bien, non. Ils ont beau passer tout près de moi, ils ne me voient pas. Incroyable ! De là où je suis, j'entends parfaitement leur conversation. Ce sont bien des Roumains. Ils repassent à présent de l'autre côté de la rue, tout près de Jean-Marc. Dix minutes plus tard, je les entends déplacer des regards de chaussée, ces petites plaques métalliques qui donnent accès directement aux canalisations. Le travail commence.

J'ouvre doucement ma radio et préviens mes équipiers. Des bruits de marteau grondent... Et une poignée de secondes plus tard, un fracas de pièces pleuvant au fond du sac, comme lorsqu'un joueur gagne le jackpot aux machines à sous d'un casino. De ma cachette, je ne vois pas grand-chose, mais j'imagine la scène grâce aux sons : les Roumains qui cassent les horodateurs, puis planquent leur butin et leur matériel sous deux couvercles d'égouts d'une rue adjacente. Très astucieux... Les voilà maintenant dans la rue Herschel. Idéal pour les arrêter. J'allume de nouveau ma radio pour donner le top départ à Jean-Michel et Philippe. « C'est bon, les gars, on y va. Vous deux, vous passez par Saint-Michel-Herschel, Jean-Marc et moi directement par Observatoire-Herschel. »

Jean-Marc a beau ne pas être relié en radio, je sais que dès qu'il me verra bouger il m'emboîtera le pas. Je saute par-dessus la grille. Les jeunes Roumains n'ont pas le temps de dire ouf, Jean-Michel et Jean-Marc sont déjà là, prêts à en découdre. Les mômes n'essaient pas de s'enfuir, ni de nier, comprenant tout de suite qu'ils sont dans de sales draps. C'est bien simple : toutes les preuves et les éléments constitutifs de l'infraction se trouvent à portée de main. D'ailleurs, Philippe et Jean-Marc commencent immédiatement leurs recherches. À l'aide du crochet artisanal fabriqué par notre collègue, Jean-Marc lève une à une les plaques d'égout et, après deux ou trois essais infructueux, il découvre des sacs remplis d'argent. Des pièces, beaucoup de pièces. À vue de nez, plus de 10 000 francs (1 500 euros). Dans une autre bouche un peu plus loin, Jean-Marc retrouve le matériel : perceuse, tournevis et marteau. Nous les tenons enfin, ces petits bandits et leurs commanditaires !

Dans les semaines qui suivent, nous multiplions les interpellations dans notre secteur et les groupes de Roumains tombent les uns après les autres. À la suite de cet épisode, la Ville de Paris décide de remplacer tous les monnayeurs des parcmètres par un système de paiement par carte. Ainsi les horodateurs ne seront-ils plus jamais fracturés.

Le pisse-froid du cinéma

Le flingot, c'est presque une partie de soi quand on est flicard. Comme le casque pour un motard ou le sifflet pour un arbitre de foot. En service, on l'a toujours sur soi, on ne le quitte jamais. Face à un braqueur ou à un forcené, il reste le seul moyen de sauver sa peau ou celle d'autrui. Une sorte d'assurance-vie, en somme. De là à l'exhiber comme un signe de pouvoir et de virilité, il y a un pas que je me refuse de franchir. Je ne suis pas un fada des armes à feu. Je les respecte mais m'en méfie. Je sais trop à quel point elles peuvent être dangereuses, pour ne pas dire fatales. Et lorsqu'il m'arrive de me retrouver face à un paroissien enfouraillé, comme lors de cette soirée de l'hiver 2000, je sais que le pire peut arriver, à tout instant.

Chauffage à fond, autoradio branché sur NRJ, nous tournons près de la fontaine Saint-Michel. Les guirlandes de Noël scintillent comme des escarboucles et les vitrines de tous les magasins ont un air de fête. Je tourne le bouton volume du Storno au maximum. Un message vient de nous informer qu'un individu armé a pénétré dans le cinéma Bretagne, boulevard du Montparnasse. Philippe enclenche le deux-tons et fonce à l'adresse indiquée. L'entrée du cinéma est noire de monde. Je me faufile dans la queue, jusqu'au guichet central.

– Pourrais-je parler au directeur, s'il vous plaît ? demandé-je en tendant discrètement ma carte tricolore.

Le caissier, qui vient de vendre la dernière place pour

Stuart Little, me fait signe de patienter un petit instant. Il revient deux minutes plus tard accompagné d'un quinqua à moustache qui me gratifie d'un aimable « bonjour Monsieur ».

– À vrai dire, explique-t-il, c'est plutôt mon caissier que vous devriez interroger. C'est lui qui a vu l'arme.

– Alors, que s'est-il passé ? dis-je, en me tournant vers le jeune homme. Racontez-moi dans le détail ce que vous avez vu.

Quand on intervient sur un suspect armé, il faut toujours prendre un maximum de renseignements. Où le type porte-t-il son rif ? Est-il accompagné ? A-t-il montré des signes d'agressivité ? C'est le seul moyen de savoir à qui on a vraiment affaire et quel plan d'interpellation est le plus adapté. Des bandits de grande envergure se déplacent rarement sans avoir d'autres complices enfouraillés en couverture.

– Lorsque j'ai pris mon service tout à l'heure, quatre films s'apprêtaient à démarrer, relate le guichetier. J'ai donc servi beaucoup de clients en très peu de temps. Et puis, au milieu de ce flot, un couple s'est présenté et a acheté deux billets pour *À tombeau ouvert*, de Martin Scorsese. D'ordinaire, je ne prête guère d'attention aux visages mais, là, le mec avait des traits tellement impressionnants ! On aurait dit un tueur en série. Alors que j'imprimais les tickets, il a plongé la main dans la poche arrière de son pantalon pour sortir son portefeuille. C'est là que j'ai vu qu'il portait un pistolet à la ceinture. J'ai eu une sacrée trouille.

– Vous êtes sûr d'avoir bien vu ?

– Oui, Monsieur.

– Comment était cette arme ?

– Que voulez-vous dire ?

– Les gens confondent souvent les pistolets automatiques, avec un chargeur, et les revolvers, comme celui-là, lui expliqué-je, en lui montrant mon 357.

– Plutôt comme celui de Mel Gibson dans *L'Arme fatale*.

– Ah ! Il s'agit d'un automatique alors.

– Pourquoi cette question ? m'interroge le directeur, surpris.

– Il est toujours plus délicat d'interpeller une personne avec un revolver, prêt à l'emploi, qu'avec un automatique, expliqué-je. À tout moment, le suspect peut dégainer et tirer...

Je vois le regard de mon interlocuteur s'assombrir. Pendant une poignée de secondes, l'hésitation me gagne : est-il préférable de serrer l'oiseau dans le cinéma ou à la sortie ? Savoir prendre rapidement des décisions fait partie du boulot de flic de terrain. Je choisis finalement la première option.

– Dans quelle salle est projeté le film ?

– Salle 4, Monsieur.

– Et comment je fais pour reconnaître le couple ?

– Attendez, je vais voir.

Il s'absente quelques minutes puis m'informe qu'ils sont assis au onzième rang. Je prends Philippe un peu à part et lui présente rapidement mon plan d'action.

– Voici ce que nous allons faire. Je vais entrer le premier et venir me positionner derrière le couple. Toi, tu vas t'asseoir dans la même rangée qu'eux, à quatre ou cinq sièges d'écart de la fille. Pendant que je neutralise le mec, toi, tu leur mets la lumière dans les yeux. On braque tout le monde, et c'est fini. Ça te va ?

Nous nous engageons dans le couloir qui donne accès à la salle de projection. Je jette un clin d'œil à Philippe, prends une profonde inspiration et m'enfonce dans la salle. Une trentaine de personnes seulement occupent les fauteuils. J'avance dans l'allée et m'assieds juste derrière le trublion. Par chance, il ne me calcule pas du tout. J'en profite pour l'examiner dans les moindres détails. Il semble puissant, avec un cou de taureau. Il a la boule à zéro et une boucle en or à l'oreille gauche. Philippe pénètre à son tour dans la salle. Il s'installe à quatre places du couple. Le gars détourne le regard une seconde, mais sans plus. Sans bruit ni gestes brusques, je sors mon 357 Magnum et enlace brusquement le cou de l'individu par-derrière avec mon bras gauche. Je serre fort, comme si je voulais l'étrangler. Alors que Philippe braque sa lampe et son pétard sur lui je place mon revolver à plat sur son ventre, le doigt sur le pontet, et lui glisse tout doucement à l'oreille : « Police. Reste calme. Tu poses tes mains devant toi et tout va bien se passer. » Je le palpe à la ceinture et, dans la poche arrière de son jean, trouve le fameux calibre. La fille à côté de lui écarquille les yeux !

En tout cas, le caissier avait vu juste... Je pose le flingue sur la moquette, menotte le gars et reprends la palpation. Il ne faut jamais s'arrêter à la première trouvaille. Le suspect peut très bien avoir plusieurs armes sur lui. Philippe range son 357 et contrôle la nana. Dans les cas de force majeure, le règlement l'y autorise. RAS de son côté. Nous conduisons les deux individus dans le hall et, à la lumière des spots, je m'aperçois que l'homme laisse apparaître une trace humide sur le devant de son pantalon. Je fais un signe de la tête à Philippe.

– Tu t'es pissé dessus ? lui demande-t-il en rigolant.

– Oui, Monsieur, j'ai flippé.

– Et le feu ? C'est pour quoi faire ?

– J'avais peur de me faire agresser.

Après vérification, il s'avéra que le caïd à la tête de tueur n'était qu'un petit chef de bande camé, aux prises avec d'autres bandes.

Méthode Coué

Printemps 2002. Cela fait plus de six ans que j'exerce comme responsable de la Bac nuit dans le VIe arrondissement de Paris. Mais ce lundi-là, en l'absence d'officier, je suis ponctuellement réaffecté à l'unité de jour où j'ai servi pendant huit ans, de 1987 à 1995. C'est drôle, j'avais presque oublié à quoi ressemblait le commissariat aux heures ouvrables : les plaignants qui s'entassent dans le hall, les cages de garde à vue surpeuplées, les collègues en tenue qui vont et viennent dans les couloirs. Je me sens un peu déboussolé dans cette ruche grouillante. Pour les deux groupes de Bac, la garde s'annonce cependant plutôt calme. J'en profite pour éplucher les télégrammes et le livre de consignes que l'on surnomme le numéro 2. À 14 heures, tout s'accélère soudain. La station directrice TN 06 nous prévient au Storno qu'un individu armé vient de commettre deux braquages dans des commerces de proximité : un magasin de chaussures, situé rue de Varenne, dans le VIIe, et une échoppe de bijoux fantaisie, rue du Four, dans le VIe. Le signalement est précis : NA – Nord-Africain –, malingre, cheveux noirs, vêtu d'un jean et d'une veste kaki façon treillis, portant un sac en plastique vert à la main.

Je saute dans la Clio avec deux collègues, Antoine et Jacques, que je connais sans plus, et trace en direction de la place Saint-Germain, qui offre une vue inégalable sur les rues commerçantes du quartier. Je gare notre citadine en retrait, place du Québec. Vous savez, c'est la minuscule esplanade en face de l'église Saint-Germain-des-Prés, ornée d'une fontaine en bronze. En sortant de la voiture, chacun sait parfaitement ce qu'il a à faire. Antoine et Jacques se dirigent vers la rue de Rennes et, moi, je me place devant le café Les Deux Magots, fréquenté autrefois par les Sartre, Prévert et Picasso. Quelques secondes d'observation... lorsque surgit de la rue Bonaparte un grand échalas avec un sac vert. Je glisse la main dans ma poche à la recherche de mon portable et j'ai déjà le doigt sur le clavier numérique pour appeler mes comparses en renfort quand je m'aperçois que, dans le feu de l'action, j'ai oublié de prendre leurs numéros. La radio ? Nous n'en avons qu'une pour trois. Je suis coincé. L'espace d'une seconde, j'envisage de les héler à l'autre bout de la rue, mais j'attirerais alors l'attention du braqueur et l'opération serait foutue. Pas le temps de tergiverser. La bouche de métro est à peine à quelques mètres. Si je ne veux pas que mon braquo s'évapore dans la nature, je dois le sauter seul. Je pose la main sur le fourreau de mon flingue, mais la rue grouille de monde. Si je dégaine mon 357, il peut riposter et faire des blessés. J'opte donc pour le plan B : le ceinturer en appliquant les techniques de corps à corps que j'apprends depuis des années au judo.

Discrètement, je lui emboîte le pas. Je suis quasiment sur ses talons lorsque, soudain, il se retourne. Je suis repéré. Il faut agir. En plein milieu du passage pour piétons, en face du 147, boulevard Saint-Germain, je me rue sur lui et le déséquilibre d'un balayage aux jambes. Le Beretta qu'il avait caché dans la ceinture de son pantalon cogne bruyamment le sol. Dans une empoignade confuse, nous roulons tous les deux à terre sous l'œil éberlué des passants. Les pneus crissent, les klaxons rugissent. Alertés par tout ce raffut, Antoine et

Jacques volent à mon secours. L'un ramasse le pistolet et le met en sécurité, l'autre m'aide à menotter le suspect. Dans le sac vert, 1 500 euros en numéraire. La pression retombe. C'est seulement à cet instant que je prends conscience du danger que j'ai bravé. J'ai beau prêcher à longueur de temps à mes hommes de ne jamais intervenir seul, j'ai fait entrave à mes propres règles.

La soif d'adrénaline est parfois plus forte que tout.

Diversion au féminin

Compter une femme dans ses effectifs, c'est un vrai plus pour une équipe de Bac. Évidemment, les machos vous diront qu'une nana a rarement le physique pour immobiliser un gaillard de cent kilos sur une interpell'. Certes. Mais les femmes sont douées d'une intuition, d'une sensibilité et d'une intelligence qui nous sont très utiles en flag'. J'en ai mille fois fait l'expérience avec Sophie, la footballeuse niçoise, Kathy, la grunge gothique, et les autres qui sont passées par le service. Pourtant, quand Nathalie a frappé à la porte de la Bac un jour d'avril 2002, j'ai eu un temps d'hésitation. Titulaire d'une licence d'histoire, cette jeune Marseillaise bien née ne rentrait pas du tout dans le moule. Petites lunettes rondes, frange droite, chemisier blanc, mocassins, elle avait davantage le look d'une avocate que celui d'une fliquette. Je lui ai tout de même donné sa chance. Et je ne l'ai pas regretté. Mature et posée, ce petit bout de femme discret a très vite trouvé sa place. Elle était particulièrement douée pour les filoches. Elle nous en fit une nouvelle fois la démonstration cette nuit de septembre 2003...

I can, de Nas, en musique de fond, nous tournons en caisse dans le quartier. Il est deux heures du matin passées. La rue d'Assas est aussi calme qu'un cimetière. À l'angle de la rue Madame, Jean-Marc freine brutalement. Dans la pénombre, il vient d'apercevoir trois silhouettes louches.

Habillé en jean, blouson à capuche, baskets et casquette, l'un des types chouffe devant la porte cochère du premier immeuble côté droit pendant que les deux autres déambulent au milieu de la chaussée, le regard errant. Manifestement aguerri, le guetteur nous repère en un éclair. Pour faire diversion, Jean-Marc fait semblant de passer son chemin, comme si de rien n'était. Notre voiture file tout droit dans la rue d'Assas mais, une fois atteinte la rue du Cherche-Midi, nous tournons deux fois à gauche, remontons le boulevard Raspail à vive allure pour nous engager dans la rue Huysmans et, finalement, nous arrêter au bout de la rue Duguay-Trouin, feux éteints et moteur coupé. De là, nous avons encore le chouff en ligne de mire. En revanche, pas moyen de voir ce que font ses deux acolytes. Assis sur le siège avant, j'attrape le Storno et lance un appel sur les ondes : « TN 06 de Bac 06. Trois suspects en vue rue Madame. Que tous les équipages en patrouille évitent le secteur. Reçu ? » « Reçu, Bac 06. » Je me retourne vers Nathalie.

– Tu nous fais un petit passage à pied comme tu sais faire ? lui proposé-je avec un sourire complice.

Nathalie le sait : avec ses airs de fille de bonne famille, elle peut approcher les bandits sans jamais attirer les soupçons.

– T'inquiète pas, dis-je. Jean-Marc sera en retrait dans la voiture. Si les choses tournent mal, il volera immédiatement à ton secours.

Nathalie n'a aucune crainte. Elle descend en veillant à ne pas claquer la portière et s'enfonce dans la nuit. Je compose alors le numéro de l'officier de brigade.

– Commandant, nous sommes en train de filer trois mecs dans la rue Madame. Probablement des casseurs de magasins. Vous pouvez nous préparer un véhicule et deux collègues en retrait à l'angle Assas-Guynemer pour l'interpell' ?

– Tout de suite, major.

Nathalie continue sa progression, en remontant la rue d'Assas sur le trottoir de droite de façon à avoir les mecs en visu sur sa gauche. Lorsqu'elle arrive à hauteur de la rue Madame, la sentinelle siffle pour annoncer une présence. Une seule et unique fois, ce qui signifie qu'il n'a pas grillé Nathalie. Sinon, il aurait sifflé deux fois pour indiquer à ses complices de se tirer. Nathalie jette des regards discrets dans leur direction, puis poursuit tranquillement son chemin vers la rue Vavin. Le chouff siffle de nouveau : le code habituel pour signaler que les opérations peuvent reprendre. Au même instant, la sonnerie de mon portable retentit.

– Ils sont en train de piquer une bagnole à peu près à la moitié de la rue, m'informe Nathalie. Faut faire vite !

– Ok. On serre.

J'appelle le central : « Prévenez les effectifs en renfort que je lance le top dans trois minutes. Qu'ils se tiennent prêts à intervenir. Leur cible sera le guetteur. On s'occupe des deux autres. »

Trois, deux, un... Les deux mains accrochées au volant, Jean-Marc part en *burn*, c'est-à-dire en faisant crisser les pneus, les deux vitres avant ouvertes. Le chouff s'enfuit sous le porche, mais les collègues de la brigade le rattrapent en deux temps trois mouvements. Un ultime coup d'accélération, nous voilà à la hauteur des deux roulots. Je sors mon arme de service par le carreau et la pointe sur eux.

– Police !

Le premier lève les mains, mais l'autre s'enfuit en courant.

– Je m'en occupe ! crie Jean-Marc en sortant de la voiture pour s'élancer à ses trousses.

Pendant ce temps, je fais mettre mon client à plat ventre. Pour tout butin, il n'a que trois CD et une paire de lunettes de soleil de marque. Je lui passe les menottes alors que Nathalie me rejoint. Quelques secondes plus tard, nous voyons passer le chouff, encadré par mes deux collègues de brigade. Je le vois tourner la tête dans notre direction et poser des yeux éberlués sur Nathalie. Eh oui, mon gars. Tu t'es fait avoir comme un bleu... Jean-Marc nous retrouve quelques minutes plus tard avec le troisième larron, qu'il a réussi à intercepter dans le jardin de l'Observatoire.

– Je vous laisse garder les mecs, je retourne voir la tire fracturée.

Il s'agit en fait d'une Peugeot 406 coupé. Sa portière avant gauche est défoncée, le cache en plastique sous le tableau de bord arraché, avec tous les fils électriques apparents. Il s'en est vraiment fallu de peu pour que les roulots nous échappent. Je recontacte le poste directeur : « TN 06 de Bac 06. Je voudrais une identification aux cartes grises. 823 Québec Tango Charly 75. » « Bien reçu, Bac 06. Vérification en cours. » Je patiente quelques minutes, le temps que l'opérateur consulte le fichier national des immatriculations. « Bac 06 de TN 06. Le véhicule appartient à Monsieur Cheval, domicilié au 6, rue Madame. » « Bien reçu, TN 06. Envoyez une dépanneuse rue Madame pour le faire remorquer. » Je pousse jusqu'au numéro 6 de la rue, sors mon passe, pousse la porte et consulte les boîtes aux lettres pour vérifier le numéro d'appartement du propriétaire. Une fois renseigné, je monte au deuxième étage et tambourine à la porte. Un homme en pyjama rayé ouvre, les yeux ensommeillés.

– Bonsoir Monsieur. Police. Vous êtes Monsieur Cheval ?

– Oui...

– Désolé de vous réveiller en pleine nuit, Monsieur, mais votre 406 vient d'être vandalisée. Nous avons appréhendé trois individus. Je vais vous demander de nous suivre au commissariat pour porter plainte et identifier les objets que nous avons retrouvés sur eux.

Je patiente deux minutes sur le seuil de la porte le temps

qu'il s'habille, puis je redescends avec lui jusqu'à notre Citroën blanche. Les services techniques sont déjà en train de remorquer la Peugeot. Son propriétaire découvre le spectacle avec des yeux ronds.

– Mais comment je vais aller au ministère demain, moi ?

Pauvre Paulo

Ne cherchez pas la rue de la Soif sur un plan de Paris. Vous ne la trouverez pas. Ce n'est qu'une simple appellation utilisée pour désigner les rues Princesse et Guisarde, dans le quartier de Saint-Germain-des-Prés, qui comptent un nombre incalculable de bars et de débits de boisson. Certains sont devenus de véritables institutions : Le Pousse au crime, connu tant par les passionnés de rugby que par les amateurs de bière, le *so british* Bedford Arms, qui sert de décor à l'émission de France 2 *Faites entrer l'accusé*, ou encore La Plaza del Toro, où l'on peut siroter de savoureux cocktails dans une ambiance festive. Mais mon préféré reste incontestablement Chez Castel, le mythique club-restaurant fondé en 1962 par le « roi des nuits parisiennes », Jean Castel. Dans la salle à manger 1900, bourrée de dorures et de velours rouge carmin, se côtoie un microcosme de nantis soigneusement triés sur le volet : des acteurs, des mannequins, des sportifs, des journalistes, des politiques... Rien que du beau monde ! Ce n'est pas du tout mon milieu, mais je me sens bien dans cet endroit. Je connais bien le patron. J'entretiens avec lui des relations franches et loyales, comme avec l'ensemble des tenanciers du quartier d'ailleurs. C'est indispensable pour accomplir le travail de police administrative qui s'impose dans un quartier comme ça, fortement exposé aux problèmes de bruit, d'alcool, de bagarres et de mouvements de foule.

Ce vendredi-là, soir de match de foot, la rue de la Soif est en ébullition. Hommes d'affaires, étudiants des grandes écoles, sportifs, tous se pressent dans les bars pour assister au « classico » PSG-OM, match à hauts risques. En pédestre dans le secteur depuis une bonne demi-heure, Jean-Marc, Jean-Michel et moi prenons la température auprès des commerçants. Partout, nous recevons un accueil chaleureux. Cela fait près de dix ans que nous tournons quotidiennement dans le quartier. Nous avons gagné leur confiance et leur respect. Nous poursuivons notre tournée des popotes à la Bodega de la soif, un bar minuscule qui fleure bon l'ambiance des ferias espagnoles. Debout derrière le comptoir, surplombé par une grosse tête de taureau empaillé, le barman nous invite gentiment à nous asseoir à l'une des petites tables en bois en attendant que le patron arrive. Jean et chemise à carreaux toute simple, Coco, le gérant, nous serre la main et engage la causette. Il nous parle de ses affaires, de ses déboires avec le personnel puis, soudain, change de sujet : « Tiens, au fait, vous savez que Paulo est sorti de prison ? » Non, nous ne le savions pas...

– Je l'ai aperçu hier dans le quartier. Il était encore défoncé. Une bouteille de pinard à la main, il gueulait : « Je suis sorti de zonzon ! Je suis sorti de zonzon ! » Ça m'a fait mal au cœur de le voir comme ça.

Nous échangeons encore quelques mots avec le gérant puis nous prenons congé.

– On va avoir du pain sur la planche, les gars, grommelle Jean-Marc, en sortant de l'établissement. Si Paulo est sorti de taule, ça ne va pas tarder à casser.

Ancien plombier relégué à une vie marginale, Paulo est un habitué des services de police. À 72 ans, il est connu pour ses casses dans les caves de petites épiceries. Son mode opératoire est bien huilé : il ne fracture jamais la porte d'entrée des magasins, il choisit des caves en retrait pour travailler tranquillement. Sa cible ? Les alcools forts qu'il revend à des détaillants peu regardants. Au milieu de la rue Princesse, des injures fusent. Un attroupement se crée à l'entrée du Frog & Princess. Nous pressons le pas. Jean-Michel s'empare de sa radio pour signaler notre intervention ainsi que l'origine de notre réquisition. Des supporters bourrés sont en fait prêts à en venir aux mains pour une histoire de pinte de bière renversée. Jean-Marc, Jean-Michel et moi sommes rompus à ce genre d'incidents. À nous trois, nous totalisons soixante-dix ans de police. Alors que nous entendons retentir au coin de la rue les sirènes des véhicules appelés en renfort par TN 06, nous sommes déjà arrivés à disperser le groupe dans le calme. Nous reprenons tranquillement notre ronde en direction de la rue du Four. Sur la terrasse du Pré Saint-Germain, une demoiselle déguisée en infirmière tend sa boîte à sous marquée d'une grosse croix rouge à tous les inconnus qui passent. « Une pièce ou une piqûre ! » scande-t-elle joyeusement. Au carrefour suivant, nous prenons la rue Montfaucon à droite pour nous retrouver finalement au milieu de la rue Clément. À cette heure de la nuit, une ambiance paisible règne sous les arcades du marché Saint-Germain. Je m'arrête un instant pour savourer le silence alors qu'un vent frais balaie ma joue. Mais c'est alors que j'aperçois une ombre errante devant le Bistrot de l'Alycastre. Je tapote sur l'épaule de Jean-Marc pour l'alerter. L'individu, en arrêt, inspecte l'intérieur de la brasserie éteinte. Dans la pénombre, je distingue tout juste sa silhouette mais il me semble qu'il s'agit d'un homme de taille moyenne, mal fagoté. Sans bruit, Jean-Marc, Jean-Michel et moi nous mettons à couvert derrière une voiture et patientons. Soudain, à la faveur d'un lampadaire, le bonhomme se dévoile enfin : Paulo !

« S'il est là, ce n'est pas pour faire du tourisme, avertit Jean-Marc. Il va remettre ça. » Discrètement, je rallume ma radio et demande à TN 06 de n'envoyer aucun équipage de police dans le secteur. Je n'ai pas terminé ma phrase que Paulo a déjà commencé le boulot. À l'aide d'un pied-de-biche, il exerce une pesée sur la porte d'entrée qui, très vite, cède. Puis, après avoir ramassé deux gros cabas à la main, il s'introduit à l'intérieur et ressort dix minutes plus tard, chargé comme une mule.

– Décidément ! Malgré ses 72 ans, il reste agile, le vieux Paulo !

– Les casses, ça conserve, ironise Jean-Michel.

– Allez, on y va, ordonné-je.

Quelques instants plus tard, nous lui mettons la main au collet.

– Salut Paulo. Alors, encore au boulot ? raille Jean-Marc.

Paulo pose son butin à ses pieds, le regard fataliste.

– Allez, les gars, soyez sympas, implore-t-il. Si vous m'embarquez, je retourne direct en zonzon, sans passer par la case départ. J'ai déjà passé vingt-sept ans au trou. Ça suffit, vous ne trouvez pas ?

– Je trouve aussi, Paulo, lui dis-je amicalement. C'est pour ça que tu devrais prendre ta retraite de voleur, une bonne fois pour toutes.

– T'as raison, mon garçon. Je vais me ranger. Mais comment je fais pour vivre ? Toi, t'as un salaire qui tombe à la fin de chaque mois ; moi, je crève la bouche ouverte sans retraite...

Je sais que Paulo n'est pas un mauvais bougre. Il a beau picoler et gagner sa croûte en faisant du trafic de marchandises volées, il a un bon fond. Ce n'est donc vraiment pas de gaité de cœur que je vais l'interpeller. Mais la mission d'un flic, c'est de faire respecter la loi. Alors je fais mon boulot.

Pendant que Jean-Michel et Jean-Marc font l'inventaire du larcin au commissariat, je conduis Paulo devant l'OPJ de service, qui le place en garde à vue pour vingt-quatre heures. Alors que je l'emmène en cellule, son ventre se met soudain à crier famine bruyamment. Il n'a pas mangé depuis deux jours.

– Attends-moi un instant, je reviens.

Dix minutes plus tard, je réapparais avec un casse-croûte au poulet et une énorme barquette de frites. Paulo me sourit.

– T'es un bon gars. Après tout, tu ne fais que ton travail.

Le lendemain, Paulo est déféré au dépôt. Sept ans plus tard, en plein cœur du mois de janvier, je circule avec Jean-Marc boulevard Saint-Germain, littéralement désert à cette heure de la nuit. Il fait un froid de canard dehors. Le chauffage est en panne dans la Ford Focus blanche. Mes pieds sont tout engourdis. Vers trois heures du matin, appel radio : un homme gît inconscient sur le sol au niveau du 177, boulevard Saint-Germain. Nous ne sommes pas loin. Nous nous annonçons. À notre arrivée, les pompiers sont déjà sur place. Je m'approche : c'est Paulo. Son teint blême ne trompe pas. Il est mort.

Protection rapprochée

Autrefois, il suffisait d'avoir le crâne rasé, un tatouage dans le cou, une boucle d'oreille et de gros biscotos pour décrocher un boulot de videur dans une boîte de nuit. Aujourd'hui, les grosses brutes qui virent *manu militari* des clients sans autres formes de procès ne font plus recette. Pour assurer la sécurité de leur établissement, les patrons de bar préfèrent désormais solliciter des « physios », comprenez des physionomistes, capables d'agir avec tact et psychologie pour anticiper d'éventuels troubles.

Karim est particulièrement doué dans cet exercice. Employé dans un café branché du Quartier latin, il a un vrai don pour repérer les fauteurs de trouble au milieu d'une foule. Malgré ses airs rustres, cet impressionnant gabarit d'un mètre quatre-vingt-dix pour plus de cent kilos s'est toujours montré avenant à mon encontre. Au début, nous n'échangions que quelques mots sur le seuil de la porte de son établissement. Il me parlait des problèmes de violence, d'alcool et de bandes qu'il rencontrait, comme moi, tous les jours. Et puis, au fil des ans, nous avons tissé de vrais liens d'amitié. Je lui ai présenté mes proches. Lui m'a raconté son histoire. Son enfance passée à Tanger au Maroc aux côtés de sa chère et tendre mère. Ses souvenirs de la casbah, de la mer et de l'océan qui se rejoignent dans le détroit de Gibraltar. Son envie précoce de prendre le large et de traverser les quatorze kilomètres qui séparent l'Afrique de l'Europe.

À 12 ans, son rêve devient enfin réalité. Baluchon sous le bras, Karim atterrit à Paris avec sa famille et s'installe dans une cité de la banlieue parisienne. Le début d'une longue descente aux enfers. Quelques petits larcins, des braquages, et à la clé plusieurs années de taule. Aujourd'hui, Karim s'est racheté une conduite. Ce n'est pas un saint, bien sûr, mais il a une vie rangée. Régulièrement, il me donne des tuyaux sur des affaires. Notamment des histoires de stups car il ne supporte pas la came. Mais il tient à respecter le code d'honneur du milieu. Jamais de noms, jamais de lieux précis, juste des petits renseignements qui me permettent de remonter une piste. Son but n'est pas de se faire bien voir. Pas du tout. Karim n'a rien d'une balance. Sa préoccupation à lui est de préserver la paix dans son bar et, pour ça, il sait qu'il peut compter sur moi. Quand son nom s'affiche sur mon portable, je décroche à tous les coups.

Ce 14 février 2004, je suis sur le pont avec Yann, un mec posé au look d'étudiant branché, et Kaïs, un Français d'origine marocaine aussi dévoué que généreux. Vers 22 heures, nous partons tranquillement à pied pour une reconnaissance dans le quartier. L'ambiance s'annonce chaude dans les rues. À 14 heures, le Maroc affrontait la Tunisie en finale de la Coupe d'Afrique des nations et, pour la première fois de leur histoire, les Aigles de Carthage sont sortis vainqueurs de la compétition sur un score de 2 à 1. Une déconvenue pour Kaïs, supporter devant l'éternel des Lions de l'Atlas. Pour lui redonner du baume au cœur, je propose que nous allions boire un verre chez Karim, qui suit, lui aussi, tous les deux ans, ce rendez-vous majeur pour les Africains. Toujours impeccable dans son costume foncé, Karim nous accueille avec un sourire chaleureux. Nous nous installons tous les quatre au bar. Je laisse les deux Marocains de cœur refaire le match et mâchouille mécaniquement la paille de mon Perrier citron. Yann, lui, enfile son dixième café de la soirée.

« Bon, c'est pas le tout, mais on n'a pas atteint notre quota d'interpell' », dis-je sur un ton ironique, vingt minutes plus tard. Nous saluons Karim et décidons de retourner chercher la Focus au commissariat, juste à côté. Yann prend le volant, je m'assieds sur le siège passager et Kaïs sur la banquette arrière. Il est une heure du matin. Une heure d'ordinaire propice aux délits... À un angle de rue, nous repérons justement trois adolescents munis de petits sacs à dos. Le profil type des graffiteurs. Kaïs décide de les prendre en filature à pied. Yann et moi le suivons à bonne distance en voiture. Introduit à New York à la fin des années 1960 par des adeptes de la culture hip-hop, le phénomène des tags s'est peu à peu étendu au reste du monde. Considéré en France comme un acte de vandalisme, le tag est passible, selon les cas, d'une contravention de cinquième classe (1 500 euros ou plus), d'une amende pouvant atteindre 30 000 euros ou, dans les cas les plus graves, d'une peine de deux ans d'emprisonnement. Encore faut-il que les auteurs soient pris en flagrant délit...

Il n'y a qu'à demander ! Au milieu de la rue de Seine, les gamins sortent leurs bombes de peinture indélébile et s'en donnent à cœur joie sur un mur en pierre de taille. Nous pouvons procéder à l'interpellation. Les trois mineurs, issus de la petite bourgeoisie parisienne, n'opposent aucune résistance. Nous les emmenons au commissariat et prévenons leurs parents qui seront convoqués devant la justice pour répondre des actes de leur rejeton. Il est 2 h 45. Mon téléphone sonne. Au bout du fil, Karim. Sa voix est teintée d'angoisse et d'inquiétude.

– J'ai besoin de vous, chuchote-t-il tout bas. Faites vite, mais surtout soyez discrets.

– Pas de souci. On rapplique !

En moins de cinq minutes, nous sommes sur place. Dans des situations d'urgence comme celle-ci, nous avons l'habitude de nous garer derrière l'établissement et d'entrer chacun à notre tour, comme des clients ordinaires. Kaïs pénètre le premier, se hisse sur un grand tabouret de bar et commande un diabolo menthe. Yann prend le relais. Il s'installe à une table, enlève sa veste et tapote comme si de rien n'était sur le clavier de son portable. À mon tour, maintenant ! Je franchis le pas de la porte et me retrouve face à Karim, la mine déconfite. Je m'avance vers le fond de la salle, où il me rejoint quelques minutes plus tard. Une fois seul à seul, à l'abri des regards, Karim vide son sac.

– Écoute, Daniel, j'ai un gros problème, m'annonce-t-il de but en blanc. Il y a quelques jours, mon collègue a laissé entrer deux reubeus, la vingtaine, très propres sur eux. Ils ont commandé plusieurs bouteilles dont un magnum de champagne. Mais ils ont profité que Carlos soit occupé avec deux lascars pour se barrer sans payer. Leur note s'élevait tout de même à 480 euros...

– Pourquoi ne m'en as-tu pas parlé tout à l'heure, si cela te tracassait autant ?

– Parce que je ne pensais pas qu'ils se pointeraient à nouveau...

Karim marque une courte pause et reprend.

– Ils ont débarqué tout à l'heure et se sont installés à la deuxième table sur la droite. Évidemment, le barman les a tout de suite reconnus. Il a donc naturellement refusé de les servir. C'est alors que ça a mal tourné. L'un des deux mecs m'a regardé droit dans les yeux et a sommé le barman de rappeler son « chien de garde »... C'est de moi qu'il parlait. Je me suis approché et, là, ce blanc-bec m'a menacé. « Tu aimes la vie ? Alors joue pas au con et sers-nous vite du champagne ! » Et pendant qu'il disait ça, il tapotait sa ceinture pour bien me faire comprendre qu'il était armé. Il a balancé une grosse liasse de billets sur la table et a continué à me toiser des pieds à la tête. Je pensais qu'il voulait juste m'impressionner et que les choses rentreraient dans l'ordre lorsque le serveur lui aurait apporté sa commande. Mais il y a quinze minutes une Audi Q7, avec vitres fumées et musique de rap à tue-tête, a déboulé devant le bar. Le conducteur, accompagné de quatre loulous baraqués, m'a fait appeler, mais je n'ai pas bougé. Je les connais, ces merdeux ! Ce sont des petites frappes de Bagnolet qui vivent comme des manouches...

Il prend une grande inspiration.

– Je sais parfaitement ce qu'ils cherchent. Ils me menacent pour négocier des tables gratuites. C'est un grand classique chez les chefs de bandes de banlieue ! J'ai donc préféré te prévenir avant que ça ne parte en vrille.

Karim est livide. Je l'ai rarement vu dans cet état. Posément, je lui explique que nous allons les serrer mais que nous devons attendre encore un peu.

– Si nous interpellons sans aucun motif, le caïd va te balancer et tu seras vraiment en danger, argumenté-je. Tant qu'il ne nous a pas reniflés, il n'y a pas le feu au lac. Laissons-le faire le beau avec les filles qu'il a invitées à sa table...

Je fais comprendre discrètement à Kaïs et Yann où se situe le problème. Ils m'adressent un clin d'œil en retour. À mon avis, ils avaient déjà compris. À cet instant, deux jeunes charpentés entrent dans le bar, bien éméchés. En se dirigeant vers le comptoir, l'un d'eux fait tomber le sac à main d'une des filles. La réaction du jeune voyou ne se fait pas attendre. Il se lève, ordonne au gars de s'excuser. L'autre l'insulte, et il n'en faut pas davantage pour déclencher les hostilités. Le manouche saisit une bouteille de whisky pleine, la casse sur le sol, récupère le goulot et se rue sur le visage du jeune maladroit. Une gerbe de sang gicle sur le mur, un hurlement s'élève. Le gamin a une partie du visage en lambeau : sa joue est entaillée de l'oreille à la commissure de la lèvre supérieure et la blessure laisse apparaître les os de sa mâchoire. Karim se jette à son tour dans la bagarre. D'un coup de pied ferme et bien placé, il désarme le frappadingue avec son goulot de bouteille. Ivre de colère, l'autre le repousse. J'ai beau gueuler « Police ! », rien n'y fait. Pendant que Kaïs et Yann se jettent sur le complice, Karim et moi tentons de neutraliser l'agresseur. Mais le gaillard sait se battre. Malgré ses nombreuses années de boxe, Karim se prend une droite, puis une gauche. Je saisis alors le voyou au corps à corps, il se débat. Nous voilà carrément sur la rue ! Je le ceinture mais n'arrive pas à le faire tomber au sol. Une ultime pluie de coups et l'homme cède enfin. Je lui passe les menottes, le barjot se retourne et hurle à Karim : « Toi, t'es mort ! » Nous savons tous les deux que ces mecs ne plaisantent pas. Ils sont capables de descendre quelqu'un en ayant un fou rire.

Le lendemain à 23 heures, Karim me rappelle. « Daniel, j'ai encore des ennuis. » Pas besoin de plus d'explications. Je mets la gomme. Un Cabriolet noir, avec trois beurs à bord, est à l'arrêt juste devant le bar, suivi de près par une camionnette avec deux types. Ils sont venus pour en découdre avec Karim. Je requiers un car de police-secours en renfort, puis procède au contrôle : toute la bande est connue de nos services. Je m'avance vers leur chef.

– Tu vois, Dugland, t'es peut-être shérif dans ta cité mais, ici, t'es chez moi, sur mon territoire, dans ma zone. Ici, c'est moi le boss, tu comprends ? Alors t'as intérêt à dégager vite fait ton cul de là, sinon je te ferre comme un poisson et, dès demain, tu dors au ballon.

D'ordinaire, je n'utilise jamais ce genre de menace verbale. Jouer les cow-boys, ce n'est pas ma tasse de thé. Mais là, je n'ai vraiment pas le choix. Il en va de la vie de Karim. Pendant trois soirs d'affilée, Kaïs ne lâchera pas Karim d'une semelle au bar. Mais l'affaire en restera là.

La religion du chiffre

Le nez collé à son écran d'ordinateur, Jean-Marc comptabilise, avec une précision d'apothicaire, les affaires que nous avons enregistrées ce mois de mai 2004.

– Cinq vols avec violence, trois roulottiers, deux vols par effraction, une conduite en état d'ivresse, onze violences en réunion, trois vols de deux-roues, six infractions à la législation sur les stupéfiants, une violence conjugale, trois ports d'arme de 6e catégorie, deux vols à la tire, deux incendies volontaires, une escroquerie, deux menaces avec arme, une tentative de viol et un vol par employé. Cela nous fait un total de quarante-quatre crânes... Record battu !

J'affiche une moue réprobatrice. Depuis la loi d'orientation et de programmation pour la sécurité intérieure du 29 août 2002, les mots « chiffre » et « performance » sont sur toutes les lèvres au commissariat. À chaque niveau de la hiérarchie, on félicite ceux qui verbalisent beaucoup et on saque ceux qui n'interpellent pas assez, en se moquant royalement de la qualité des procédures traitées. Un braqueur ou un petit fumeur de chichon, peu importe, du moment qu'on ajoute des bâtons. Comme si notre métier de policier ne se réduisait plus qu'à la seule chasse au délinquant. Comme si nous n'étions devenus que de simples commerciaux payés à la commission...

– C'est le taulier qui va être content ! souligne Jean-Michel, non sans une pointe d'ironie.

– Surtout si on finit le mois en beauté ! renchérit Philippe comme pour nous mettre au défi.

– Ce n'est pas donné à tout le monde de clôturer les comptes avec un braqueur d'hôtel qui a neuf casses au compteur, s'enorgueillit Jean-Marc, en référence à la superbe affaire qu'il a bouclée le mois dernier avec Yann et Xavier, un beau gosse musclé plein d'humour.

Poussés par notre instinct de chasseurs, nous grimpons en voiture et commençons à sillonner l'arrondissement, à la recherche d'un ultime coup. Vissé au fauteuil du conducteur, Jean-Michel roule lentement, à 40 km/h, l'allure idéale pour repérer des bandits sans risquer de se faire griller.

« Tiens, Enzo », m'étonné-je, en avisant le personnage sur le trottoir du boulevard Saint-Germain à demi éclairé. Enzo est un bel Apollon brun aux yeux verts qui, après le décès de ses parents dans un accident de la route, s'est retrouvé à faire le tapin, à l'âge de 16 ans, pour gagner sa vie. J'aime bien ce garçon. Il est intelligent, poli et sacrément courageux. Je baisse mon carreau.

– Salut Enzo, comment vas-tu ?

– Oh, on fait aller. Vous savez, depuis la fermeture du Drugstore, la clientèle se fait plus rare dans le quartier. J'ai dû prendre un petit boulot en plus pour boucler mes fins de mois.

– Ah bon ? Quel genre de petit boulot ?

– Un de mes anciens clients m'a pistonné pour faire des livraisons au sein d'une société de prêt-à-porter.

La discussion tourne court. Un appel général vient d'être lancé sur les ondes. « À tous les équipages. Vol à main armée en cours dans une pharmacie située à l'angle des rues Bonaparte et Gozlin. » Coup de bol ! Nous sommes juste en face. Il faut faire vite. Sur ce genre d'intervention, tous les services de police se bousculent au portillon. Et c'est le premier sur place qui prend les rennes. « TN 06 de Bac 75. Nous sommes à proximité. Nous nous rendons sur les lieux », annonce aussitôt la radio. Voyez, qu'est-ce que j'avais dit ? La Bac départementale en tenue, chargée de renforcer les effectifs locaux de la capitale sur des missions de lutte contre la délinquance et de maintien de l'ordre, est sur les rangs. Je calme le jeu. « TJ Roméo 06. Sur place. » TJ Roméo 06, c'est l'indicatif personnel dont je dispose depuis que je suis passé au grade de major, le 1er juillet 2003. Jean-Michel gare la Focus en retrait, devant la place du Québec, pour ne pas affoler le braqueur ni mettre en danger la vie du personnel et des clients. Je jette un rapide coup d'œil par la vitrine. Apparemment, le suspect a déjà pris la fuite. Sur mes gardes, je rentre à l'intérieur avec Jean-Marc, en arborant mon 357 et mon brassard de police orange.

– Il vient de partir par la rue des Ciseaux ! bredouille le pharmacien, manifestement traumatisé. Faites attention, il est armé !

Je laisse Jean-Michel auprès de lui et embarque sa jeune collaboratrice dans la Focus pour nous permettre d'identifier le braquo. « C'est un gabarit musclé de 25-30 ans, teint mat, les yeux marron, détaille la pharmacienne pendant le trajet. Il porte un blouson de cuir noir. » Jean-Marc, qui a repris le volant, file tout droit vers le métro Mabillon. Chacun dans notre coin, nous observons les faits et gestes de chaque quidam sur le trottoir, dans les bistros et à la sortie des bouches de métro. « Là, là, c'est lui ! » s'écrie soudain la jeune fille, en pointant du doigt un grand gaillard dans la rue Montfaucon. Il a beau être de dos, elle le reconnaît formellement. Probablement son allure, sa démarche, ses vêtements. Philippe descend pour le filer. Jean-Marc fait le tour par la rue de Seine et stoppe juste à l'angle. Flingot à la main, nous nous préparons à nous découvrir. Le voilà !

Le cœur haletant, la respiration saccadée, Jean-Marc surgit devant lui comme une furie.

– Police ! Laisse tes mains à vue.

Je brandis mon rif à mon tour. Avec deux 357 devant son nez, le type n'a aucune échappatoire possible. Je le fais mettre à genoux, mains sur la tête. Philippe, qui vient de nous rejoindre, entreprend la palpation. Dans la ceinture de son jean, il retrouve un pistolet en plastique, d'un réalisme à s'y méprendre ! « TN 06 de TJ Roméo 06. Individu interpellé. » Je ne prends pas la peine de préciser que le pistolet est factice. Juridiquement, il s'agit bel et bien d'un vol à main armée. Je me délecte plutôt en imaginant la tête déconfite de mes collègues de la Bac 75. Un beau crâne qui s'envole ! Ils doivent être furax !

Crânes en sang

Cigarette au bec, Sébastien a les yeux braqués sur la Golf bleu roi qui nous précède. Assis à l'arrière, je regarde un couple d'amoureux s'embrasser fougueusement sous le porche illuminé de la célèbre brasserie La Coupole, boulevard du Montparnasse. Jean-Marc, mon adjoint et plus fidèle collègue, me sort de ma rêverie. « Et tes enfants, comment vont-ils ? » s'enquiert-il avec ce savoureux accent du Nord qui m'est si familier. À peine le temps d'ouvrir la bouche, la radio TN Z1 grésille bruyamment. Appel général. Un couple vient d'être agressé rue de la Gaîté, dans le XIVe arrondissement. L'homme gît inconscient sur le trottoir, le crâne en sang. Son épouse, elle, est indemne mais choquée. Le Samu et un car de police étant déjà en route, il me paraît inutile de nous rendre nous aussi sur les lieux. Je préfère me concentrer sur la recherche de l'agresseur. D'après le témoignage recueilli lors de l'alerte, le suspect, un mètre quatre-vingts, brun, veste marron clair et pantalon noir, aurait pris la fuite à pied en direction de la gare Montparnasse quinze minutes plus tôt. Nous sommes à deux pas. S'il n'a pas filé dans le métro, nous avons peut-être encore une chance de mettre la main dessus. Nouveau message radio : le chef de car de la police-secours du XIVe vient d'arriver sur place. Premiers renseignements pris auprès de la femme de la victime, le forcené aurait arraché la chaîne en or qu'elle portait autour du cou, puis aurait violemment frappé son mari avec un objet contondant pour lui voler sa carte bleue et des numéraires. Nous continuons à quadriller le secteur. Sans succès. TN Z1 crépite une nouvelle fois : un autre vol violence vient de se produire près de l'hôpital Necker, dans le VIIe. Le portrait de l'individu correspond. Je sens la tension monter en moi. Sébastien, lui, ne se départit pas de son calme légendaire. Il s'engage dans le boulevard Raspail sans précipitation.

Il est près de 23 heures, les passants se font de moins en moins nombreux. À l'intersection avec la rue du Montparnasse, je distingue, dans la pénombre, un individu marchant sur le trottoir de droite qui semble coller à la description. Seul moyen d'en avoir le cœur net : se faire déposer discrètement et prendre notre cible en sandwich. J'avancerai incognito dans sa direction tandis que Jean-Marc le suivra sur le même trottoir à une cinquantaine de mètres de distance. Tranquillement, je m'approche. Plus que cinq mètres. Sa silhouette s'éclaire soudain sous les feux d'un réverbère. La tenue vestimentaire coïncide en tous points. Quand je le croise, mon corps se raidit. Pas question d'opérer seul. Je passe donc mon chemin et attends que Sébastien vienne me récupérer un peu plus loin... Mais pas de Sébastien. Je l'appelle, aucune réponse. Je bous. Dans le flag', on n'a pas droit à l'à-peu-près. Furieux, je cours rejoindre Jean-Marc pour procéder à l'interpellation. Nous ne sommes plus qu'à cinquante mètres du suspect lorsqu'on le voit aborder un couple. Il s'anime, élève la voix mais, à notre grande surprise, finit par s'éloigner en direction de la rue Notre-Dame-des-Champs. Perplexes, nous accourons auprès du couple pour l'interroger. « Il nous a demandé du fric en nous menaçant avec un objet en fer, bredouille la fille, encore pétrie de peur. Comme nous n'avions pas un centime sur nous, il nous a laissés tranquilles. » Tout juste le temps de la remercier, le fou furieux a disparu. Je rappelle Sébastien. Répondeur. Je rage. Pas le choix, nous devons continuer notre chasse en courant.

Enfin, coup de téléphone de Sébastien. « Désolé, j'étais coincé dans une petite rue par un camion de pompiers », se justifie-t-il, honteux. Je n'ai même pas le temps de lui répondre : un cri strident fuse dans l'air. Essoufflé, je me précipite à l'angle de la rue Le Verrier, dans le VIe, et tombe nez à nez avec l'enragé. À ses pieds, un monsieur aux cheveux poivre et sel est étendu face contre terre, immobile, dans une petite mare de sang. Dans un élan de panique, le détraqué me menace de son arme, une pièce métallique parsemée de pointes, modelée pour y passer les doigts. Pas de doute, il s'agit bien d'un poing américain, comme il s'en faisait beaucoup dans les années 1960. Instinctivement, je lui saisis le bras et le fais tomber par une prise de judo. Jean-Marc se charge du dernier coup de grâce dans les côtes. Le type s'effondre au sol avec un hurlement de douleur. Mon collègue n'a plus qu'à sortir les bracelets et à commencer la palpation. Le dingo neutralisé, je me presse au chevet du vieil homme. Il est conscient mais saigne à grosses gouttes. En un tour de main, j'attrape la poignée de la valise renversée à côté de lui et en extirpe une chemise bleu ciel signée Ralph Lauren. « Dommage », pensé-je intérieurement, en la mettant en boule. Mais je dois absolument faire un point de compression sur le crâne pour arrêter l'hémorragie. De l'autre main, je sors mon téléphone de ma poche et appelle les secours.

Lors de la fouille, Jean-Marc retrouve dans les chaussettes du suspect un paquet de billets chiffonnés, ainsi que deux cartes bleues : la première appartient à l'homme agressé rue de la Gaîté, la seconde à une personne attaquée deux jours plus tôt dans le XVIIIe... Quelques minutes plus tard, la victime sera transportée à l'hôpital où elle s'en sortira avec douze points de suture. Le fou furieux, tout juste âgé de 28 ans, est, lui, ramené au commissariat. Malheureusement, il a fallu qu'il fasse une seconde victime pour que nous puissions le confondre.

Repéré comme un bleu

Ce soir d'hiver 2004, Patrice, Jean-Marc, Yann et moi avons rendez-vous avec le moniteur pour un entraînement d'une demi-heure dans le Ve. Au programme : tir d'instinct et de riposte. On marche, on avance vers la cible et, au signal, on dégaine son arme le plus rapidement possible, puis on ouvre le feu. Entre douze et vingt-quatre cartouches, ça dépend. « Collègue, sois plus souple des épaules », me recommande l'instructeur après ma prise de cible. Ok, je vais tâcher d'y songer... Je range dans son étui mon 357 Magnum, équipé en munitions 38 spécial, puis retire mes lunettes de protection et mon casque anti-bruit. Allez, on rentre. Avant de prendre mon service, je m'isole un quart d'heure dans le bureau pour nettoyer mon revolver. Un passage obligé après chaque séance d'entraînement. Règle numéro un : s'assurer que le flingue est bien en sécurité. Je vide le barillet, puis vérifie le canon et la chambre. J'ai beau avoir accompli ces gestes des milliers de fois, je fais toujours montre de la plus grande vigilance lors de ce rituel. Combien de collègues ont laissé leur vie en nettoyant leur rif ! Je tire ensuite deux coups de sécurité à vide pour être sûr que le mécanisme fonctionne bien quand je le recharge, puis repose mon pétard, canon dirigé vers le mur. Je dispose un torchon blanc sur le bureau et commence le nettoyage à l'aide d'une brosse spirale. Je lubrifie chaque composante puis brique l'ensemble avec un chiffon doux. Voilà ! Opération terminée ! Je range tous les ustensiles dans la boîte en fer blanche et l'apporte à Jean-Marc qui compulse la main courante dans le bureau d'à côté.

Un quart d'heure plus tard, l'OPJ de permanence vient me trouver à la machine à café. « Un certain Gabriel a cherché à vous joindre », m'informe-t-il. Gabriel, le physionomiste d'une boîte de nuit échangiste située rue Vavin, dans le VIe. Un brave type. Depuis cinq ans qu'il travaille dans cet établissement, ce puissant Noir aux yeux jaunes n'a toujours voulu qu'une chose : la paix. Mais la clientèle ne lui rend pas la tâche facile : beaucoup de célébrités, d'hommes politiques, d'acteurs et de chanteurs qui n'arrivent jamais seuls et ressortent très souvent dans de drôles d'états, alcoolisés ou drogués... Pour ne pas avoir d'embrouilles et être rassuré, Gabriel a besoin d'une sorte de protection. Nous passons donc régulièrement pour nous assurer que tout se déroule bien sans incident. En cas de souci, il le sait, nous sommes toujours joignables.

Ce soir-là, Gabriel, en costume sombre et chapeau noir, me donne rendez-vous à l'écart, rue des Quatre-Vents. Il semble inquiet. Il regarde plusieurs fois à droite et à gauche pour être certain que personne ne l'a suivi et m'informe qu'un casse doit avoir lieu dans un magasin de téléphones portables à côté de sa boîte. En général, quand Gabriel me balance une info, je peux lui faire confiance, c'est du béton. Je n'ai pas besoin de lui demander sa source. En échange des infos, il pourrait quémander quelque chose, mais Gabriel n'exige jamais rien. Enfin, rien de plus que l'aide que je lui apporte déjà. D'autres viendraient avec un paquet d'amendes à faire sauter. Pas lui. De toute façon, il sait que je ne mange pas de ce pain-là. Je le remercie pour l'info. « Ne t'en fais pas, on va tout de suite aller planquer. »

Ça tombe bien, ce soir, on a du renfort. En plus de mes équipiers habituels, je compte dans mes effectifs une jeune commissaire stagiaire. Reste à trouver le bon endroit pour guetter sans être vu. Je laisse Patrice et Yann dans un square, boulevard Raspail. Jean-Marc, la commissaire et moi partons en quête d'une autre planque aux alentours de la boîte échangiste. Rue Bréa, nous trouvons une porte d'immeuble ajourée. Parfait. Nous pénétrons à l'intérieur, prenons deux grosses poubelles et nous hissons dessus pour avoir une vue sur toute la rue. On s'installe. Il est minuit. Encore trop tôt pour un casse. Les braqueurs choisissent toujours les heures où il y a le moins de circulation pour pouvoir décamper très vite après leur méfait.

Je prends contact avec la brigade pour qu'elle me fournisse quatre flics en retrait dans un véhicule, boulevard du Montparnasse. En général, les casseurs sont des gens très organisés. Ils disposent d'une voiture puissante, d'un bon chauffeur et de deux ou trois gus adroits, précis et intrépides. Une heure du matin. La planque se fait longue. Dans le va-et-vient régulier des clients devant la boîte, je reconnais un habitué des lieux, un chanteur célèbre aux tempes grisonnantes, accompagné d'une blonde platine en tenue sexy. Gabriel le salue et, même si la star semble déjà bien éméchée, le laisse entrer, en contrepartie d'un bon petit billet. À cheval sur la poubelle, je commence à ressentir une douleur sournoise dans le bas du dos. Ma sciatique qui me chatouille de nouveau.

Vers deux heures et demie du matin, mon regard est capté par un rouquin en jean et blouson noir, qui passe devant la boutique et l'observe sans s'arrêter. Je préviens Patrice par radio que le type se dirige vers lui et lui recommande de bien regarder où il va. L'homme descend la rue Vavin, tourne à droite boulevard Raspail, puis encore à droite dans la rue Sainte-Beuve. Un bon quart d'heure passe. Un petit gros, une veste en jean noir sur le dos, apparaît à l'angle de la rue. Il marche et, au niveau de la boutique, fait une halte. Au bout de quelques secondes, il reprend son chemin en suivant la même direction que le mec qui le précédait. Hors de question de sortir pour l'instant. Nous risquerions de tout faire échouer. Cinq minutes après, le zigue aux cheveux roux repasse. Et inutile de vous dire que ce n'est pas un hasard. En un geste rapide et précis, il décolle le gros bout de sparadrap qu'il a caché dans la doublure de son blouson et le plaque sur la vitre. Ce type de scotch de chantier permet à la vitre de résister à un coup de masse sans tomber. Elle se fend mais n'éclate pas, et donc ne provoque aucun bruit.

Plus de doute, ce sont nos hommes. Je préviens mes collègues que ça ne va pas tarder à partir. Le suspect se dirige tout droit en direction du square où Patrice et Yann font le pied de grue. Il les tapisse tout de suite, fait volte-face en un clin d'œil et repart boulevard Raspail. Patrice m'appelle sur la fréquence réservée pour me prévenir.

– Je pense que c'est foutu. Il nous a reniflés. Qu'est-ce qu'on fait ?

Je ne l'engueule pas. Se faire tapisser, ça peut arriver à tout le monde. Et puis rien n'est encore joué. Les casseurs ne savent pas que nous sommes aussi sur le coup.

– Perdu pour perdu, on serre, dis-je.

J'ordonne à Patrice et Yann de monter en voiture et de suivre l'homme qui vient de s'engager rue Sainte-Beuve, le téléphone à l'oreille. Jean-Marc, la stagiaire et moi quittons l'immeuble pour nous engager à pied, rue Notre-Dame-des-Champs. Un peu plus loin, on croise deux blondinets coiffés en brosse, la trentaine, déboulant de la rue Sainte-Beuve. Ça sent les complices à plein nez. On décide de les intercepter.

– Mettez-vous sur le côté, s'il vous plaît, leur ordonne Jean-Marc.

– Quoi, y'a un problème ? m'interroge le plus âgé, avec un accent russe.

– Peut-être, répliqué-je tout en sortant mon feu.

– Paumes de mains contre le mur, jambes écartées, leur enjoint Jean-Marc.

Je jette un œil dans la rue Sainte-Beuve. Patrice et Yann ont aussi chopé un gars chacun. J'appelle mes équipiers dans le véhicule en retrait pour qu'ils reviennent garder les suspects. De notre côté, nous devons nous atteler à trouver des preuves. Priorité numéro un ? Retrouver leur caisse. Je demande au Russe que nous avons serré s'il connaît les deux moineaux. Non. S'il a une bagnole. Non. Je fais une rapide palpation. Dans l'une de ses poches, je trouve la clé d'une vieille Citroën. Je décide d'aller chercher le rouquin entre les mains de Patrice et de l'emmener devant le magasin de portables. Je lui explique qu'on est en planque depuis plusieurs heures et qu'on l'a vu poser le sparadrap sur la vitrine. Dans un premier temps, il nie et fait semblant de ne pas comprendre ce qu'on lui reproche.

– Comme tu voudras. Sur le PV, je vais donc marquer que je t'ai vu préparer le coup mais que tu ne reconnais pas les faits.

Ma stratégie s'avère efficace. L'homme avoue sur-le-champ, mais il prétend que c'était une simple plaisanterie, une petite vengeance pour un mobile qui ne marchait pas.

– Arrête de me prendre un con. Je sais exactement à quoi il sert, ce scotch.

– Pas moi ! me répond-il effrontément.

Je le confie à Jean-Marc et retourne voir les Russes, qui prétendent ne pas se connaître. Je vais voir le grassouillet et lui emprunte son portable. Je compose le numéro du dernier appel. Le téléphone d'un des Russes sonne. On a une preuve qu'ils se connaissent. Mais ce n'est pas suffisant pour les coffrer. Après tout, ils n'ont rien fait de mal, mis à part coller un bout de scotch sur la devanture d'une boutique. Un peu léger aux yeux de la loi. Non, je dois absolument trouver autre chose. Légalement, je n'ai pas le droit de prendre les clés du blond pour vérifier sa caisse. Mais je passe outre. J'enjoins à mes collègues d'éloigner les suspects pour les laisser dans le doute et me lance à la recherche de la vieille Citroën. Quelques minutes plus tard, j'aperçois une ancienne camionnette jaune des PTT, garée le long du trottoir. En ouvrant la porte arrière, je trouve des masses, des pieds-de-biche, des burins et un vérin. Mais pas de matériel volé. Je reviens voir mon homme et lui dis que ses clés sont celles d'un véhicule rempli d'outils louches.

– C'est quoi, des outils louches ?

– Des masses, des pieds-de-biche, des burins...

Il m'indique alors que la fourgonnette lui a été prêtée par un ami maçon. L'argument est bien affûté. La partie s'annonce corsée. La loi française requiert des preuves avérées et, là, on n'a aucun élément tangible. Tant pis, je décide quand même d'emmener tout le monde au commissariat. Mais, avant de partir, je prends une petite précaution : ni vu ni connu, j'attrape un poinçon et crève un pneu de la Citroën pour éviter que d'autres complices viennent la retirer pendant la nuit. Là, au moins, elle sera immobilisée un petit moment.

Arrivés au bureau, nous récupérons leurs papiers d'identité et faisons leurs antécédents. Les fiches de recherche sont riches d'enseignements. Vols avec violence, vols à main armée, vols avec effraction... nos clients ont un sacré pedigree. Je rédige un PV à charge puis expose l'affaire à l'OPJ de service. Sans commencement d'exécution ni aveux, il sait très bien que ça va être dur de les accrocher. Pendant les quatre heures de garde à vue, il les cuisine, les provoque, les intimide. Que dalle. Toujours aucun aveu. Pas le choix, il doit les relâcher faute de preuve. C'est le jeu. Dans ce métier, on ne gagne pas la partie à tous les coups.

À cran

Le chagrin et le désespoir me submergent de toutes parts. Planté devant le miroir de ma salle de bains, je sens le sol se dérober sous mes pieds. « T'as tout raté, mon vieux ! Ton mariage, ta vie de famille, tu salis tout ce que tu touches ! Regarde-toi. T'es qu'une merde. Une putain de pauvre merde. »

Cette petite voix, cynique et lancinante, résonne dans ma tête comme une interminable rengaine. Je n'en peux plus. Je suis à bout. Faut que ça s'arrête. Les yeux inondés de larmes, je saisis mon 357 d'une main tremblante et le colle contre ma tempe. Le doigt sur la gâchette, je serre les dents. À cette seconde, les images se bousculent dans mon cerveau. Les tendres yeux bleus de ma mère adorée, le visage insouciant de mes trois enfants, John, Vicky et Camille, le cercueil de Rodolphe, un collègue de la Bac jour qui s'est flingué un an et demi plus tôt. Mes membres se paralysent. Je ne peux pas. Je n'ai pas le droit. Je m'écroule comme une masse au pied du lavabo. Comment en sommes-nous arrivés là, Corinne et moi ? Nous nous étions tellement aimés durant ces dix années. Un amour intense, sincère et fusionnel duquel est née Camille, ma fille cadette. Pourquoi en quelques mois notre couple s'est-il effondré comme un château de cartes ? Pourquoi a-t-elle décidé de s'en aller définitivement ? Je range mon pétard dans sa cache sous la baignoire pour ne pas être tenté une nouvelle fois de m'en servir. Puis je me hisse péniblement sur mes deux jambes flageolantes. J'erre au milieu de ma maison à moitié vide tel un fantôme. Plus de table, plus de canapé, plus de lit, plus de commode, j'ai l'impression d'être un naufragé échoué sur une île déserte. Vidé, je m'allonge sur le matelas qui trône seul au milieu de la chambre et tombe dans un profond sommeil. Je suis éveillé cinq heures plus tard en sursaut par la sonnerie du téléphone. À l'autre bout du fil, Jean-Marc semble inquiet.

– Salut Daniel, ça va ?

– Oui, oui, ça va, dis-je, en essayant de masquer tant bien que mal mon malaise.

Jean-Marc ne s'y trompe pas. Cela fait plus de dix ans que nous bossons ensemble. Il me connaît par cœur. Mais il sait que je ne suis pas du genre à m'épandre sur mes états d'âme. Alors il la joue fine.

– Tu sais, la plainte contre X qu'on a enregistrée hier soir pour le vol sous menace ?

– Oui...

– Eh bien, figure-toi que Karim connaît l'enfoiré qui a fait ça. Il vient de me laisser un message pour me dire qu'on pouvait le gauler cette nuit...

– Bien, bien, murmuré-je, songeur.

– Rendez-vous à 20 heures au Sarij – l'abréviation de service d'accueil, de recherche et d'investigation judiciaires, le nouveau nom donné au commissariat de quartier –, ça te convient ?

– Parfait, réponds-je, en feignant l'enthousiasme.

– Daniel, t'es vraiment sûr que ça va ?

– Mais oui, ne t'en fais pas.

Un brin ému, mon collègue marque un temps d'arrêt et reprend.

– Tu sais, toute l'équipe a besoin de toi. T'es comme un papa pour nous.

Je sens une larme couler le long de ma joue. Un flot débordant de mots voudrait s'échapper de ma gorge mais seul un « merci » parvient à sortir. Je raccroche. Jean-Marc ne s'imagine probablement pas qu'il vient de me sauver la vie… Sept heures plus tard, j'enfouis mon désarroi au plus profond de moi, revêts la cuirasse de preux chevalier que tout le monde me connaît et me mets en route pour le commissariat. Je profite d'arriver une demi-heure en avance pour éplucher la plainte pour vol déposée la veille, avec constitution de partie civile. La jeune plaignante attendait l'ascenseur dans le hall de son immeuble lorsqu'un toxicomane l'a menacée de lui trancher la gorge avec un couteau si elle ne lui donnait pas immédiatement ses bijoux, son argent et sa carte de crédit. Elle a eu tellement peur qu'elle lui a tendu sa bague, la chaîne en or qu'elle portait autour du cou et le bracelet de famille orné d'un serpent qu'elle avait hérité de sa grand-mère, sans demander son reste. Évidemment, elle ne connaissait pas le type. C'est pour cela qu'elle a porté plainte contre X. Mais elle a tout de même pu établir un signalement assez précis : brun, svelte, avec un tatouage au poignet représentant une chaîne à vélo.

– Ce n'est pas commun comme dessin, m'étonné-je alors que Jean-Marc débarque dans le bureau avec son sourire inamovible.

Il me gratifie d'une poignée de main amicale et m'informe qu'il vient d'avoir Karim au téléphone.

– Il affirme que le tox est un client régulier du bar et qu'il vit dans un squat du IVe. Comme il devait être en manque hier soir, il a tanné un de ses amis pour qu'il lui file plusieurs doses de came en échange des bijoux. Mais le type n'a pas cédé. On a donc une nouvelle chance de le taper ce soir.

Jean-Marc et moi partons en chasse dans le quartier Saint-

Germain. Aucune trace du suspect. Karim m'appelle : « Rejoignez-moi dans une demi-heure à notre lieu de rendez-vous habituel dans le XIe. J'ai quelques infos intéressantes pour vous. » Karim aime bien collaborer avec nous. Surtout sur les affaires de stups qui le débectent au plus haut point. Je ne lui ai jamais dit, mais je pense qu'au fond de lui il aurait bien voulu être flic. Comme à l'accoutumée, Karim nous attend à l'entrée du bar, le regard sérieux.

– Alors voilà, dit-il. Le tox loge dans un squat rue des Archives, mais il traîne très souvent du côté du pont des Arts.

– Même en cette période de froid ? m'étonné-je, un peu sceptique.

– Bien sûr. C'est là qu'il s'approvisionne en came.

– Il faudrait quand même qu'on ait un coup de bol monstrueux pour réussir à le serrer aujourd'hui, fais-je remarquer.

– Peut-être, mais je n'ai pas l'intention de laisser passer ma chance, aussi infime soit-elle, insiste Jean-Marc, avec une obstination qui ne lui ressemble guère.

Nous abandonnons Karim et commençons notre ronde dans le secteur du pont des Arts. Nous tournons inlassablement pendant des heures. En vain. Jusqu'à ce que je finisse par percer le petit manège de Jean-Marc : cette opération n'était en fait qu'un moyen de m'occuper l'esprit. Je souris intérieurement. J'ai de la chance d'avoir un mec comme ça à mes côtés.

Saccages en série à l'école

Je me colle à la fenêtre. En cette période de Noël, je ne me lasse pas d'admirer la magie toute particulière qui opère, la nuit, place Saint-Sulpice. Au fond, perdue dans la brume, se dessine la silhouette mystérieuse de l'église aux tours dissymétriques. Parée de ses habits de lumière, l'imposante fontaine, signée par l'architecte Louis Visconti au milieu du XIXe siècle, semble encore plus majestueuse. Combien de fois, après mon service, ne me suis-je pas attardé devant les quatre statues d'évêques catholiques qui ornent chacune de ses faces ! Bossuet, Fénelon, Fléchier, Massillon, je les connais par cœur.

– Au fait, tu bosses toujours avec nous le 25 ? me questionne amicalement Jean-Marc.

Je fais volte-face.

– Évidemment ! On ne change pas une équipe qui gagne !

Cela fait des années que Jean-Marc, Philippe et moi tournons ensemble à Noël, et je n'ai pas l'intention de déroger à la tradition.

– J'amènerai du foie gras, annoncé-je.

– Et moi…

Jean-Marc n'a pas le temps de finir sa phrase. Un gardien de la paix passe sa tête dans l'entrebâillement de la porte.

– Major, le patron souhaite vous voir.

– Ok, je viens.

Je descends la volée d'escaliers, traverse la moitié du couloir. Arrivé devant le bureau du commissaire sur la gauche, je marque un court temps de pause et frappe. Au « Entrez ! » beuglé par le taulier, je pousse la porte.

– Bonjour Bourdon, m'accueille-t-il, en se levant de son large fauteuil en cuir noir pour me serrer la main.

– Bonjour patron.

En attendant qu'il m'invite à m'asseoir, je reste là, debout, planté comme un piquet, le regard vagabond. J'ai beau avoir arpenté la pièce des dizaines de fois, je me plais toujours à contempler les innombrables trésors qu'elle recèle : des médailles, des insignes, des trophées, des photos de flics du monde entier.

– Ne restez pas là, voyons, reprend-il en me montrant du doigt le siège vide en face de lui. On a un problème, Bourdon...

Ça, je m'en serais douté, pensé-je, goguenard.

– Le directeur du groupe scolaire Littré est venu me voir ce matin. C'est le quatrième cambriolage que son établissement essuie en deux mois. Il ignore comment les voleurs accèdent à l'intérieur car il n'y a pas d'effraction, mais une fois dedans ils n'y vont pas de main morte : ils saccagent les classes, taguent les murs, piquent de la nourriture à la cantine et forcent le coffre-fort. L'Académie a déjà déposé plusieurs plaintes. J'ai donc décidé de faire de cette affaire l'objectif numéro un.

– Qu'est-ce que vous attendez de moi au juste ?

– Comme on rentre dans une période de vacances scolaires, il y a des chances pour qu'ils remettent le couvert une cinquième fois. Si c'est le cas, on doit absolument les choper. Mettez trois hommes en surveillance tous les soirs dans l'enceinte de l'école et dressez-moi un rapport journalier de vos actions. Si les effectifs s'avèrent insuffisants, nous aviserons. Mais je veux un résultat dans les quinze jours. Compris ?

– Compris.

Cela ne me réjouit pas vraiment de mettre tous mes effectifs sur ce dossier en période de fête, mais les ordres sont les ordres. Dès le lendemain matin, je téléphone au directeur pour lui proposer de me retrouver sur place à 16 heures. « J'aimerais faire un rapide état des lieux avec vous avant de mettre en place un service », lui expliqué-je brièvement.

Il n'est pas tout à fait 16 heures lorsque Jean-Marc et moi nous présentons devant les grilles vert foncé. Le directeur, la cinquantaine élégante, nous y attend emmitouflé dans un gros blouson d'hiver Lacoste.

– Bonjour Messieurs, nous salue-t-il en nous décochant un sourire affable. Merci de vous intéresser de près à cette affaire.

– C'est notre boulot, Monsieur, réponds-je.

Il fouille dans sa poche, attrape un gros trousseau de clés et ouvre le portail. Devant nous se déroule une grande cour bitumée avec des arbres, des jeux d'enfants et un préau. Tout autour, de hauts murs de pierre faisant office de séparation avec les immeubles d'habitation voisins. Jean-Marc griffonne un plan sommaire sur son calepin. L'école est organisée en trois pôles : à droite, la maternelle avec ses tables et ses chaises miniatures ; au milieu, un bâtiment de service comprenant salles de gym, cantine et cuisine ; et à gauche, une ancienne bâtisse en briques rouges abritant dix classes de primaire, sur deux étages. Nous commençons la visite par les maternelles. Portemanteaux arrachés, tables retournées, jouets saccagés... le spectacle est désolant. « Le mode opératoire est identique aux fois précédentes. On a sûrement affaire aux mêmes auteurs », raisonne le maître des lieux, tout en nous ouvrant les locaux de service. Je n'en crois pas mes yeux. La cantine ressemble à une vraie soue :

les murs sont couverts de tags, le sol est truffé de pots de yaourts éclatés et les tables couvertes de sachets de purée éparpillés. Jamais je n'ai constaté des actes de vandalisme d'une telle violence ! Nous poursuivons notre tour par les économats. La moitié de la nourriture stockée dans les trois énormes frigos a disparu et le coffre-fort a été dilapidé.

Le repaire des élèves de primaire n'a pas davantage été épargné. Les banquettes en bois qui avaient été installées de part et d'autre du couloir ont été renversées, les sapins de Noël qui ornaient chaque classe dépouillés. Dans l'une des salles à l'étage, on a même retrouvé des excréments sur le parquet ! En franchissant le pas de la porte, un sentiment de malaise me saisit : il faut vraiment être fou à lier pour commettre de tels dommages dans un établissement scolaire ! Avant de prendre congé, je récupère l'ensemble des clés et des codes. « Parfait, c'est noté, lui dis-je, en lui donnant une solide poignée de main. On vous tient au courant. »

De retour au commissariat, je convoque toute mon équipe dans la salle de réunion pour un briefing. Après un rapide exposé de la situation et du contexte, je lui explique le plan d'action et le rôle qui sera dévolu à chacun. « La priorité est de comprendre comment ils s'introduisent à l'intérieur, insisté-je. Je compte sur votre perspicacité. » Il est 21 h 45. Patrice, Dominique et Fred finissent leur service. Tandis qu'Alain et Stéphane restent au bureau pour s'occuper des affaires courantes, Jean-Marc, Philippe et moi filons à l'école pour une première nuit de surveillance. Nous prenons nos quartiers dans la cuisine, qui offre une vue dégagée sur tout le site. Philippe part en reconnaissance dans le bâtiment, en quête de quelque passage secret. Sans succès. « Peut-être passent-ils tout simplement par le portail d'entrée », suppose-t-il, sans conviction.

Toute la nuit, nous nous relayons pour veiller, mais rien ne vient troubler la quiétude des lieux. Le lendemain, veille de Noël, Jean-Marc, Philippe et moi enquillons pour une seconde nuit de planque. Pour nous soulager un peu, nous embarquons Patrice en renfort. Cela lui changera les idées. Depuis trois jours, il n'est pas dans son assiette. Il est passé au tourniquet – notre expression pour désigner le conseil de discipline – pour insubordination à un officier supérieur et s'en est sorti avec un blâme. Résultat : il ne peut plus prétendre, jusqu'à nouvel ordre, à aucune mutation ni avancement. Patrice est pourtant un super flic. « Allez, viens, on va aller manger un morceau à la cantine », lui proposé-je. Affamé, Jean-Marc commence à déballer les victuailles que chacun a apportées pour notre traditionnel repas de Noël.

Vers deux heures du matin, la radio retentit. « Viens voir, on a trouvé quelque chose », flagorne-t-il. Je le retrouve chez les primaires, dans une salle du premier étage. « Regarde, là, à la fenêtre ! » me lance-t-il avec un air malicieux. Un couple est en plein ébat amoureux dans l'immeuble d'en face.

Plusieurs jours se passent. Mes collègues commencent à tirer la tronche. Après une semaine de repos, je reprends du service le soir du 2 janvier aux côtés de Jean-Marc, Philippe et Patrice. La nuit s'annonce tranquille, une nouvelle fois. Je commence à m'assoupir sur une chaise. Jean-Marc fume, Patrice reste aux aguets. Vers une heure du matin, il me sort de ma torpeur. « Je crois avoir vu des silhouettes du côté de la petite enfance. » On observe. RAS. Soudain, une ombre se dessine à travers la baie vitrée. Nous enfilons nos brassards, coupons nos radios et nous dirigeons en binôme vers le bâtiment. Philippe et moi prenons la porte principale, Patrice et Jean-Marc la sortie de secours. Je compose le code, pousse la porte. Patrice et Jean-Marc nous attendent au pied de l'escalier. On tend l'oreille. Pas un bruit.

Tout à coup, on entend plusieurs personnes courir à l'étage. Pas de doute, on est grillé ! On monte les marches à toute vitesse. Revolver à la main, Philippe intercepte un premier mec dans le couloir. Jean-Marc, Patrice et moi en chopons un deuxième au milieu de la salle de jeux. À peine le temps de les menotter, de nouveaux bruits nous parviennent du fond de la coursive. Lorsque Patrice et moi accourons dans la classe, nous découvrons l'une des fenêtres à glissière grande ouverte. Je passe ma tête, deux gus sont en train de faire le mur dans la cour. Par là, aucune chance de les rattraper. On décide donc de faire le tour par le portail principal et de les cueillir par surprise, rue de Vaugirard.

Grands, bruns, les deux gars n'ont même pas 20 ans. Sur eux, on ne retrouve aucune arme. Juste des bombes de peinture et des émaux d'enfants. Lors de l'interrogatoire au commissariat, l'un d'eux avoue qu'il a travaillé dans la salle de sport adjacente et qu'il en a conservé une clé. Ainsi ont-ils réussi à pénétrer dans l'école sans effraction. Pourquoi ont-ils commis de tels dégâts ? La réponse est tristement banale : gratuitement.

Derrière une vitre sans tain

Je gravis une à une les marches du vieil escalier qui mène au premier étage du commissariat, avec l'impression de parcourir un interminable chemin de croix. J'ai enchaîné plusieurs nuits agitées et mes jambes ne semblent plus vouloir me porter. Ma sœur chérie, qui se bat depuis longtemps contre la maladie, est entre la vie et la mort. À chaque coup de téléphone, je m'attends au pire. Je n'ai pas encore passé la porte du bureau que l'odeur du café emplit déjà mes narines. « Tiens, notre maître torréfacteur est déjà sur la brèche », souris-je timidement, en imaginant Jean-Marc s'agitant derrière la vieille cafetière tout encrassée et toute jaunie. J'aime cet arôme doux amer. Il me rappelle mon enfance dans les corons. La plupart des gens ne prêtent guère d'attention à ces exhalaisons familières. Chez nous, dans la police, les odeurs envahissent notre quotidien : la crasse du pauvre clochard en dégrisement, les relents d'alcool qu'exhale la bouche des fêtards le samedi soir, les remugles abominables d'un corps en décomposition, les vapeurs de poudre du stand de tir, l'odeur du sang frais qu'on retrouve sur une scène de crime, les émanations de gaz toxiques qui se dégagent des voitures incendiées au Nouvel An, les piquants effluves de bombes lacrymogènes dans une manif', la fumée âcre qui s'échappe du capot d'une voiture de police après une chasse… Je pénètre dans le bureau. Pendant que Jean-Marc étudie les prévisions de service, Kaïs tape sur l'ordinateur la main courante. De l'autre côté de la pièce, Patrice, pas rasé, mal peigné, est avachi dans son fauteuil en cuir, le regard dans le vide. Rapide tournée de poignées de main, puis je m'installe à mon bureau. Jean-Marc me tend un télégramme et une feuille de mission signée du sous-directeur de la sécurité publique. « Ce jour, à 23 h 30, prise de service au commissariat du XIIIe arrondissement ; présence requise de 1 + 3 pour une mission. » En termes de police, un gradé plus trois gardiens de la paix donc. Aussitôt, j'attrape mon téléphone et appelle l'officier de nuit du XIIIe pour obtenir quelques renseignements complémentaires sur l'affaire.

– La Bac jour est actuellement en surveillance devant le 38 de la rue de la Butte-aux-Cailles sur une BMW blanche circulant avec de fausses plaques. Malheureusement, l'équipe de nuit ne dispose pas de suffisamment d'effectifs pour poursuivre la planque. C'est pour cela que nous avons sollicité du renfort.

– Pas de souci, vous pouvez compter sur nous.

Une heure plus tard, Jean-Marc, Patrice, Kaïs et moi nous présentons à l'hôtel de police, boulevard de l'Hôpital. L'officier de nuit nous attend dans son bureau. Photos et procès-verbaux à l'appui, il nous explique qu'en faisant des rapprochements la PJ a découvert qu'une même BMW avait été impliquée dans plusieurs casses bélier dans des commerces en banlieue ces deux dernières semaines. « La M3 que nous surveillons à la Butte-aux-Cailles est toute neuve, elle ne peut donc pas avoir servi sur ces casses. Mais elle a sûrement été volée dans le même but. Il plonge la main dans son tiroir et me tend la clé du Renault Trafic mis à disposition par la maison pour la planque : « Voilà la clé du sous-marin. Surtout, faites bien attention à vous. D'après le riverain qui a repéré la BMW en promenant son chien, le conducteur serait armé. Il a aperçu la crosse d'un pistolet dans la ceinture de son pantalon. »

Avant de lever le camp, nous faisons une courte halte dans le hall et, tout en analysant le plan du secteur affiché au mur, je délivre mes consignes.

– Patrice, tu prends le volant du Trafic. Une fois stationné à l'adresse indiquée, tu rejoins Jean-Marc dans la Focus qui sera un peu en retrait, place de la Commune-de-Paris. À mon signal, vous foncez, compris ?

– Compris.

Dix minutes plus tard, Kaïs et moi sommes en position dans notre confortable cache de trois mètres carrés : Kaïs sur le tabouret et moi dans le fauteuil de bureau.

– On est serré comme des veaux dans une bétaillère là-dedans !

– Et en plus, impossible de bouger un orteil. La camionnette fait tellement caisse de résonance que les moindres bruits peuvent être perceptibles.

Derrière nos quatre vitres sans tain, nous avons tout le loisir d'observer les allers et venues autour de la BMW et des immeubles juste à côté. Avec, à la clé, quelques scènes cocasses : des amoureux qui se bécotent sur le capot d'une 206, un homme qui promène son chien en se curant le nez et un autre qui pisse sur un lampadaire.

– Ça fait combien de temps que tu travailles la nuit ? me demande doucement Kaïs.

– Quinze ans.

– T'en as pas marre ?

– Mon esprit, non, mais mon corps commence à me le faire payer... Je dors mal, je prends du poids et...

Je m'interromps subitement. Bouteilles de vodka à la main, deux jeunes hommes viennent de s'adosser au Trafic pour se rouler un joint. Ils sont ivres, mais nous ne bougeons pas. En quittant notre planque, nous risquerions d'être repérés.

Une heure du matin. Les premiers signes de fatigue apparaissent. À force de rester figés dans la même position pendant des heures, mes membres sont tout engourdis. Pour détendre un peu mes muscles, je roule plusieurs fois les épaules vers l'arrière, penche lentement la tête d'un côté, puis de l'autre, et fais quelques rotations des chevilles. Je me sens mieux. Je me colle de nouveau à la fenêtre. Les noctambules regagnent progressivement leurs quartiers. Les lumières des appartements s'éteignent une à une... Le doute commence à m'habiter : les mecs nous auraient-ils repérés ? Le collègue des cartes grises se serait-il trompé sur le véhicule ?

Deux heures du matin. Alors que Kaïs n'arrête pas de se goinfrer de chips, biscuits, barres de chocolat et autres cochonneries du genre, j'appelle Jean-Marc sur son portable pour faire un rapide point de situation. « La nuit est calme. Si rien ne bouge, on plie les gaules à 4 heures. » Yeux gonflés, paupières qui clignotent, je dois lutter pour ne pas m'abandonner au sommeil. Soudain, Kaïs me donne un coup de coude. Une splendide créature perchée sur des talons hauts vient de s'arrêter devant le 36. Elle fouille dans son petit sac en cuir noir, sort son passe et s'engouffre à l'intérieur. « Une si jolie fille qui rentre seule chez elle, quel gâchis ! » murmure-t-il.

Plus qu'un quart d'heure. Je prends de nouveau mon téléphone pour confirmer à Jean-Marc que nous n'allons pas tarder à lever le dispositif. Sur le trottoir d'en face, j'aperçois alors un minet en costard qui traverse dans notre direction. Je m'arrête de respirer quelques secondes. Arrivé à notre hauteur, il contourne la camionnette puis disparaît Dieu sait où... J'ai tout juste le temps de prévenir Jean-Marc, que le type réapparaît sur l'autre trottoir. Je donnerais ma main à couper qu'il joue l'ouvreuse chargée de s'assurer que la voie est libre… Un dernier coup d'œil à la BMW et l'individu trace son chemin en direction de la place de la Commune-de-Paris.

Je rappelle Jean-Marc. « Ça y est, cette fois, je crois qu'on a une touche ! » Je lance immédiatement un appel radio pour qu'aucun véhicule de police ne patrouille sur ce secteur. Dix minutes plus tard, un autre homme se pointe à l'horizon. Petit et corpulent, il porte un jean, des chaussures de sport et un blouson de motard. Plus que la BMW, ce sont surtout les environs qu'il scrute attentivement. À la hauteur du Trafic, il attrape son portable, compose un numéro et déverse un flot de mots incompréhensibles dans une langue étrangère. Du russe ou du polonais, je dirais. Je décroche de nouveau mon téléphone : « Ça va partir. Quand je bipe, vous foncez, ok ? » À peine raccroché, j'entends le moteur d'un gros cube vrombir au coin de la rue. Une 1 200 Kawa verte. L'homme en costume, hissé à l'arrière sans casque, descend et sort de sa poche le bip pour ouvrir la BMW. Le motard met les gaz et disparaît dans la nuit. Immédiatement, j'alerte Jean-Marc et Patrice. Kaïs a déjà son flingue à la main, je sors le mien et ouvre la porte arrière de l'utilitaire avec fracas. Petite course sportive, puis Kaïs et moi fondons sur les deux individus. Kaïs se charge du gus au blouson, moi du businessman qui essaie de m'embrouiller. Il faut réagir très vite car les mecs de l'Est connaissent bien les armes à feu et savent se défendre. Je lui donne un coup de pied dans le genou, il tombe. « Face contre terre, les mains écartées ! » le sommé-je. Il s'exécute. Lors de la palpation, Jean-Marc et Patrice découvrent un couteau de chasseur sur l'homme en blouson. Son complice tiré à quatre épingles porte, lui, un automatique chargé et approvisionné… Je téléphone à l'officier de police judiciaire pour vérifier leurs antécédents : nos deux suspects ont été impliqués dans quatre affaires de casses bélier et un VMA. Je viens à peine de raccrocher quand le numéro de mon beau-frère s'affiche sur l'écran de mon portable. Une terrible douleur paralyse ma poitrine. Je sais parfaitement ce qu'il va me dire. Ma petite sœur est morte. De grosses larmes silencieuses sillonnent mes joues. J'ai beau m'y être préparé depuis près d'un an, je craque. Je gémis, je hurle, j'ai besoin d'évacuer mon chagrin. Je fonce au commissariat récupérer ma voiture et pars directement dans le Nord retrouver les miens. À partir de maintenant, je sais que la vie ne sera plus jamais comme avant.

Gâterie en cellule

En sortant de notre Ford Focus, je pose une main paternelle sur l'épaule de Yann et Jean-Marc. « Bien joué, les gars ! Vous avez fait du bon boulot ! »

Il est 22 h 30, ce 18 mars 2006. Nous venons d'intercepter deux Roumains pour une tentative de vol, rue Guénégaud. Je pousse la porte du commissariat le premier. Aussitôt, une odeur nauséabonde m'agrippe les tripes. Un remugle sauvage et insoutenable de pisse, de crasse et de transpiration. Alors qu'une grimace de dégoût me déforme le visage, ma mémoire olfactive se met en marche. En une fraction de seconde, elle est capable d'associer une sensation à un souvenir, une image, aussi lointains soient-ils. En l'occurrence, cette odeur atroce m'évoque Mimi, un sans domicile fixe qui n'a plus pour compagnon depuis des années que son litron de rouge. Je colle ma tête aux vitres Securit de la cellule de dégrisement. Dans le mille ! Enveloppé dans une couverture, Mimi ronfle comme une locomotive sur sa paillasse. À côté de lui, un trentenaire en costard se tient dos contre le mur, le regard dans le vide. Je le plains. Passer six heures dans une cellule de trois mètres carrés aux peintures décrépites, sans fenêtre ni mobilier autre qu'un lit en béton et des latrines puantes s'avère déjà éprouvant. Mais devoir respirer en plus l'odeur infâme de Mimi relève carrément de la torture. Je comprends mieux pourquoi certains pètent les plombs en garde à vue, gueulent, se tapent la tête contre les murs ou s'automutilent. Je me tourne vers le garde-détenus.

– Qu'est-ce qu'il a fait cette fois ?

– Il s'est battu avec un touriste et l'a blessé au visage.

Ça ne me surprend pas. Mimi a l'alcool mauvais.

– Et l'autre ?

– Conduite en état d'ivresse.

Je jette un rapide coup d'œil à l'écran de la caméra derrière le bat-flanc – notre jargon pour désigner le comptoir d'accueil – relié aux cellules en sous-sol. Les cages sont pleines à craquer. Dans celle de gauche, trois hommes, à moitié endormis. Dans celle de droite, un homme d'une quarantaine d'années et une jolie blonde en pleine discussion. À cet instant, les quatre collègues de brigade affectés au car de transport paraissent dans l'entrée du commissariat aux côtés des deux malfrats que nous avons coincés tout à l'heure. Je présente l'affaire à Christian, l'officier de police judiciaire de service, puis lui confie les deux Roumains, menottés dans le dos. Christian sort le livre des gardes à vue, à disposition vingt-quatre heures sur vingt-quatre sur le comptoir d'accueil. Il notifie aux deux intéressés le motif de leur GAV et leur énumère les droits dont ils disposent. « Dès la première heure, vous pouvez, si vous le souhaitez, vous entretenir avec un avocat, solliciter un examen médical et faire aviser votre employeur ou un membre de votre famille. »

Il laisse le grand costaud pincé dans le hall et s'occupe d'entendre le petit brun à lunettes. Je rejoins Jean-Marc dans le bureau. J'ai beau fermer la porte derrière moi, l'odeur de Mimi est toujours là. Puissante, collante, térébrante. Le cœur au bord des lèvres, je plonge la tête dans notre armoire de rangement au-dessus de laquelle trône notre mascotte, un superbe hibou en acier qui incarne parfaitement notre travail de nuiteux. Au milieu des fournitures, des tasses à café et du matériel d'armement collectif, je finis par trouver une bombe désodorisante à la fleur de lavande. Sauvé ! Je presse généreusement sur la pompe. En quelques secondes, me voilà transporté sur les versants ensoleillés des montagnes de Haute-Provence. Toc, toc, toc. Je redescends les pieds sur terre. C'est Christian.

– J'ai auditionné le premier mec, mais le second ne veut parler qu'à toi, m'explique-t-il.

– Ah bon, mais pourquoi ?

Christian hausse les épaules. Il n'en sait pas plus que moi. Je lance un regard intrigué à Jean-Marc et quitte la pièce. L'individu m'attend à l'accueil. Âgé de 25-30 ans, l'homme, brun aux yeux bleus, a le visage dur comme la pierre.

– Pourquoi moi ? le questionné-je de but en blanc, après l'avoir installé face à moi dans un bureau.

Par expérience, je sais qu'un bandit ne quémande jamais une entrevue privée sans avoir une idée bien précise derrière la tête.

– Parce que c'est toi le chef, se justifie-t-il dans un français impeccable.

– Et qu'attends-tu de moi au juste ?

– Vous pouvez téléphoner au numéro indiqué ici ? me demande-t-il en me tendant une carte de visite estampillée du logo officiel de la préfecture de police de Paris.

Il s'agit d'un commissaire renommé de la maison.

– Il me connaît bien, flagorne-t-il. Je lui donne régulièrement des tuyaux.

– En gros, t'es une balance, résumé-je, volontairement provocateur.

– Non, Monsieur. Je rends service à la police française !

– En piquant des bijoux et des bagnoles ? Tu crois que tes relations étroites avec la police t'autorisent à commettre des délits ?

– Non, Monsieur. Mais faut bien vivre.

Assez parlementé, j'attrape le téléphone.

– Mes respects, patron, commencé-je, un brin gêné aux entournures. Major Bourdon, Bac 06, au bout du fil. Nous avons dans nos murs un dénommé Valeriu B. qui prétend vous connaître et collaborer avec vous sur du renseignement…

– C'est exact, major. Pourquoi est-il chez vous ?

– Tentative de vol de véhicule et recel de bijoux.

– Ah oui, quand même ! Ne bougez pas, j'arrive.

Je raccroche.

– Eh ben, pour réussir à faire déplacer un commissaire comme ça, tu dois sacrément baver !

Le patron débarque une heure et demie plus tard. Il s'entretient un bon quart d'heure avec Valeriu et Christian, puis repart. Seul. La procédure reprend alors son cours normal. Jean-Marc et Yann encadrent le grand baraqué jusqu'au sous-sol. Ils passent devant les cages, déjà bondées à cette heure de la nuit. L'homme de 40 ans et sa compagne de cellule ont l'air très gais, sans doute un peu ivres. Mes deux adjoints n'y prêtent pas garde et s'engouffrent dans la première pièce sur la droite.

– Dépose tout ce que tu as dans tes poches puis défais ta veste, dit Jean-Marc en lui désignant une enveloppe kraft et un carton posés sur la table en aluminium.

Portefeuille, clés, paquet de clopes, briquet, au fur et à mesure que Valeriu se déleste de ses effets personnels, Yann les glisse dans l'enveloppe et complète la feuille de fouille.

– Retire également ton alliance, ta chaîne en or, ta ceinture et tes lacets.

Le Roumain s'exécute sans broncher.

– Maintenant, ôte tes chaussures, tes chaussettes et ton pantalon, baisse ton slip et tourne-toi.

Yann palpe un à un ses vêtements, l'invite à se rhabiller et le place en cellule. J'entends la porte claquer, le loquet en fer grincer, puis la voix de Yann, qui hèle Jean-Marc.

– Eh, viens voir ça !

Dans un coin de la deuxième cage, le quadra est en train de décuver, la braguette ouverte et le sexe à l'air. À ses pieds, la femme dort paisiblement, la tête posée sur sa cuisse. Comme quoi, ça crée des liens, la garde à vue…

Violences urbaines

« Les souvenirs sont des enfants du hasard, seuls les truqueurs ont leur mémoire en ordre », écrivait Daniel Pennac, l'un de mes auteurs contemporains favoris. Moi, je ne suis pas un truqueur. À quoi bon vous faire croire que je me souviens parfaitement des quelque 7 000 affaires que j'ai traitées ces trente dernières années ? De certaines, je l'avoue, je ne garde qu'une bribe de souvenir, voire aucun souvenir du tout. Mais, cette soirée-là, je m'en rappelle comme si c'était hier.

C'était le 28 mars 2006, une grande journée de mobilisation nationale contre la mise en place du contrat première embauche (CPE), défendue par l'ancien chef du gouvernement Dominique de Villepin. Au total, 250 manifestations avaient éclaté dans toute la France, rassemblant plus de 3 000 000 de personnes d'après les syndicats, 1 055 000 selon la police. Dans la capitale, ils étaient, selon nos services, 92 000 à battre le pavé, 700 000 d'après la CGT.

18 h 30. Les manifestants sont sur le point de se disperser et des débordements risquent d'éclater. Jean-Marc, Patrice, Philippe, Marc et moi nous tenons prêts à intervenir. Vous ne le savez peut-être pas, mais nos missions à la Bac ne se limitent pas au simple flagrant délit. Le maintien de l'ordre, la lutte contre la délinquance des bandes et la gestion des violences urbaines font également partie de nos attribu-

tions. Au fil du temps, notre présence est même devenue incontournable lors des grands rassemblements. En plus d'être très mobiles, nous avons l'avantage d'être discrets, moins identifiables que des CRS en tenue, et familiers de la prise de renseignements. Cela ne nous empêche pas toutefois d'être beaucoup plus exposés que nos homologues des services spécialisés dans le maintien de l'ordre, comme les CRS ou les gendarmes mobiles, qui bénéficient d'équipements de protection plus aboutis. Chez nous, ni pantalon ignifugé, ni coquille pour amortir les coups aux parties génitales, ni protection aux tibias, pieds, épaules et coudes. Notre panoplie est réduite à sa plus simple expression : une paire de Rangers, un surblouson, un gilet pare-balles, un sac à dos, une paire de gants, un casque en plastique, un masque cartonné anti-gaz, une lampe torche, une matraque télescopique individuelle, un bouclier pour trois hommes et – pour ceux qui sont formés à son utilisation – un tonfa. Ancien outil agraire utilisé en Asie au Moyen Âge, ce bâton à poignée latérale, introduit dans la police en 1994, s'avère particulièrement efficace pour le maintien de l'ordre. Mais l'ennui, avec ce genre d'arme, c'est qu'on ne cherche plus à négocier, on frappe. Vite, fort. Et on a tôt fait de dépasser les limites. Quoi de plus facile, en effet, que de continuer à rouer de coups un assaillant déjà à terre ? Sauf qu'en faisant usage de la force en dehors du cadre de la légitime défense, on se rend fautif de violence illégitime. C'est pourquoi son utilisation est très réglementée. Si l'on peut frapper sans risque les zones vertes, comme les bras et les jambes, mieux vaut éviter en revanche les zones orange comme la figure. Quant aux zones rouges comme le cœur ou l'abdomen, il est formellement interdit de les toucher…

Pendant que Patrice rassemble tout le matériel dans le hall du commissariat, Jean-Marc nous prépare un jus, une espèce de café turc à vous empêcher de dormir pendant deux jours. À la première gorgée, Philippe esquisse une grimace. Patrice me lance un sourire complice. Derrière ce visage dur se cache en fait un homme bourré de tendresse et de sensibilité. Voilà des années que je bosse avec lui, et il m'est toujours resté fidèle sans ambiguïté.

– Ok, les gars. Petit rappel des consignes à respecter sur une manif'. Veillez à bien protéger votre pétard, n'oubliez pas de sortir votre brassard lorsque vous agissez, ne prenez aucune initiative sans me consulter.

Ce n'est pas de l'orgueil mal placé, mais une règle de commandement indispensable pour assurer la sécurité de tous.

– Faites attention à ne jamais vous séparer du groupe, n'agissez pas seul et surtout cherchez toujours une porte de sortie avant de vous engager. Enfin, le plus important, dosez bien vos actions pour ne pas vous laisser emporter.

Pas le temps de s'étendre davantage : la station directrice TN Z1 annonce sur les ondes la présence de bandes assez violentes dans le Quartier latin qui s'amusent à éclater des vitrines et à dégrader des tires.

– Quel dommage, nous n'allons même pas pouvoir faire honneur à ce sublime breuvage ! plaisanté-je.

La radio hurle de nouveau : « TN Z1 de Bac 14. Urgent ! Z1 ne répond pas. TN Z1 de Bac 14 en difficulté, rue Saint-Séverin ! » Au ton de la voix du collègue, je comprends tout de suite que la Bac 14 a un gros problème. Nous nous précipitons dans la Focus sans perdre une seconde. Philippe prend le volant, je claque le gyro sur le toit et enclenche le deux-tons. Nouveau message du Storno : « Un collègue à terre, blessé à la jambe par un boulon. » Philippe met la gomme. Plus on approche, plus les rues sont noires de monde. Ici et là, des groupuscules divaguent à la recherche de casse. En baissant légèrement mon carreau pour mieux prendre la température de la rue, je sens une odeur âcre de pneu brûlé m'envahir les narines.

Dix minutes plus tard, nous arrivons à la hauteur de la fontaine Saint-Michel, qui offre une vue sur tout le bas Quartier latin, côté V^e arrondissement. Impossible de faire un mètre de plus en voiture. La rue Saint-Séverin est bondée. Laisser Philippe en attente dans la bagnole ? Hors de question. Non seulement ce serait le jeter dans la gueule du loup, mais en plus je me priverais d'un homme. Or, dans ces moments-là, toutes les forces vives comptent. Je passe donc au plan B : faire demi-tour jusqu'au croisement Saint-Germain-Saint-Michel où est postée une compagnie de CRS. Philippe gare la Focus devant les cars blancs et coupe le contact. Nous attrapons chacun un sac à dos dans lequel nous glissons le strict minimum pour ne pas nous encombrer ni nous faire repérer : une matraque télescopique, un masque anti-gaz et des bombes lacrymogènes. Après une course de deux cents mètres, nous arrivons au début de la rue Saint-Séverin. Dans cette vague déferlante, difficile d'avoir une vision nette de la situation. Comment allons-nous faire pour retrouver nos collègues parmi tous ces badauds curieux ? Nous progressons cahin-caha, le regard à l'affût. Pas de flic. Nous avançons encore, suivis par quatre brigadiers en tenue... Et au milieu du brouhaha sourd de la foule, des injures se mettent à claquer. Une trentaine de jeunes encagoulés en survêt', blouson de cuir et baskets sont agglutinés devant les grilles d'un magasin défendu par nos collègues. Galvanisés par cette ambiance de guerre civile, ils menacent les sept flicards de la Bac 14 avec des barres de fer, des chaînes de vélo, des frondes. Il en faut du courage dans ces circonstances pour faire front. Je fais signe à mon équipe d'enfiler son brassard et d'avancer discrètement.

Bientôt, mon homologue de la Bac 14 nous repère. Une

lueur de soulagement et de reconnaissance brille dans ses yeux. Nous sommes désormais 15 contre 30. Suffisant pour organiser une charge contre ces petits morveux, tout juste âgés de 18 ans. Matraques braquées en avant, nous allons au contact, comme les premières lignes d'une équipe de rugby. Avec nos carrures de déménageurs, le choc est violent. Patrice plaque au sol le frondeur, celui qui avait blessé l'un de nos collègues à la jambe. « Ne bouge plus, reste au sol ! » prévient-il avec fermeté tout en le menottant. Je me charge de deux échalas en casquette blanche, assez remuants. Au total, nous réussirons à interpeller une bonne vingtaine d'individus, tous pincés au sol. Quatorze d'entre eux seront mis à la disposition de la justice. Je peux être fier de mes gars.

Sexe sans complexe

La bagnole est encore hors service. C'est la troisième fois en six mois qu'on se la fait emboutir ! D'habitude, pendant les réparations, on réussit toujours à s'arranger avec les autres services, mais aujourd'hui la PJ refuse de nous prêter sa Clio. Alors, pas le choix, on tourne à pied. À dire vrai, cela n'a pas que des inconvénients en plein mois d'août ! Non seulement on se sent moins oppressé par la chaleur que dans l'habitacle de tôles, mais en plus on est en meilleure posture pour repérer les délinquants les plus habiles et retors, comme les tireurs ou les frotteurs. Et en été, Dieu sait s'ils sont nombreux ! Plus le thermomètre grimpe, plus les esprits s'échauffent et plus les délits se multiplient. C'est mathématique.

En cette soirée caniculaire, Jean-Marc, Jean-Michel et moi sommes donc sur le qui-vive. Ce qui ne nous empêche pas de plaisanter.

– Oh, un évadé du goulag ! se moque Jean-Marc, en désignant les pieds de Jean-Michel, chaussés de boots. Tu sais, maintenant que tu as quitté la Sibérie, tu vas pouvoir remiser tes boots au placard. Par 40 °C dehors, elles ne vont pas t'être très utiles. En revanche, pense à les ressortir dans dix ans. Qui sait, elles reviendront peut-être à la mode...

Comme d'habitude, Jean-Michel prend la mouche.

– Je vous emmerde ! répond-il, en pressant le pas en direction de la place Saint-Sulpice.

Je passe un petit coup de fil à TN 06 pour l'aviser que nous entamons une pédestre dans le quartier Saint-Germain. Notre circuit est bien rodé : nous prenons tout droit dans la rue des Canettes, tournons dans la rue Guisarde, coupons par la rue Princesse, pour nous retrouver finalement au bar où bosse Karim, notre repaire favori. Après une petite pause-café, nous reprenons notre ronde en direction de la rue de Buci. Jamais auparavant je n'ai eu le réflexe de lever les yeux pour lire les indications sur la plaque : « Souvenir de la porte qui appartint à S. de Bussy (XIVe s.) ». Me voilà bien avancé ! Je passe mon chemin, un peu sur ma faim. Arrivés à l'angle de la rue de Seine, Jean-Marc propose de mettre le cap à gauche pour « prendre l'air de la mer ». Excellente idée. En moins de cinq minutes, nous sommes au pied de l'Institut de France, continuons jusqu'au pont des Arts, où nombre de Parisiens et touristes aiment se poser le temps d'un pique-nique, de quelques photos ou d'une mélodie romantique à la guitare. Mais l'horloge tourne et le pont commence progressivement à se vider. Inutile de s'éterniser davantage. Nous décidons de regagner le bureau en empruntant les quais. Qui sait ? Peut-être aurons-nous la chance de dégoter une petite affaire de stups au passage... Jean-Michel marche tout seul devant. Visiblement, il n'a toujours pas digéré la boutade de Jean-Marc. Tant pis pour lui, ça lui passera ! Nous longeons la péniche des pompiers de La Monnaie. La lumière est allumée, la télé fonctionne mais pas l'ombre d'un soldat du feu. Jean-Michel se retourne.

– Eh, les mecs ! Vous avez entendu les cris ?

Au fur et à mesure que nous avançons, les glapissements retentissent de plus en plus fort. Mais impossible d'en distinguer précisément l'origine.

– On dirait une gonzesse qui prend son pied, suppute Jean-Michel.

– Mais non, c'est un chat errant ! contre Jean-Marc.

– Mon pauvre, tu ne sais plus faire la différence entre une gonzesse et un minou...

Jean-Michel ne s'y est pas trompé. À la faveur d'un lampadaire, nous découvrons, au milieu des pavés, une femme complètement nue à califourchon sur un homme. Ils font l'amour fougueusement, et rien ne semble les perturber. Nous en restons comme deux ronds de flanc ! Nous nous apprêtons à reprendre notre chemin lorsque nous distinguons deux mateurs à genoux derrière un 4 x 4 stationné.

– Eh ben, décidément, ils n'en ratent jamais une bouchée, ces deux-là ! s'exclame Jean-Michel. Toujours dans les bons coups !

La nuit, nous les voyons souvent rôder dans les parages. Le regard inquiétant, ils errent sur les quais pendant des heures à la recherche de la scène sexuelle qui assouvira leur vice. Plusieurs fois, nous en avons surpris en train de se masturber sans vergogne, mais les mettre à disposition de la justice ne sert à rien. Ils ne sont jamais poursuivis. À quelques exceptions près.

Un jour, près du jardin de l'Observatoire, j'ai serré un gars qui se masturbait en épiant un couple d'amoureux par la fente du rideau d'un camping-car. Dans cette affaire, le procureur de la République a estimé que le couple ne s'exhibait pas et le voyeur a été poursuivi. Jean-Marc me donne un coup de coude.

– T'as vu, y'en a un qui a sorti son petit oiseau, ça y est !

Nous décidons alors de mettre un terme à cette partie fine. Jean-Michel va discrètement se placer derrière les deux pervers et se met à taper vigoureusement dans ses mains. Très efficace pour refroidir les ardeurs ! Nous sortons nos cartes de police et contrôlons leur identité.

– Tu crois que c'est bien de sortir ton sexe sur la voie publique comme ça ? morigène Jean-Michel, en s'adressant au masturbateur. Il faut consulter, gros malade !

Nous fouillons les individus. Pas d'arme. Juste des jumelles de poche. Jean-Marc et moi laissons les vicieux aux mains de Jean-Michel et nous approchons du couple, qui vient tout juste de terminer ses ébats et renfile ses vêtements. Malgré son jeune âge, la fille, les genoux égratignés, ne semble pas du tout gênée par notre présence.

– Allez, soyez sympas, vous vous êtes bien rincé l'œil ! nous défie-t-elle, provocatrice.

– Ma pauvre petite, j'en ai vu bien d'autres dans ma carrière, je peux te l'assurer ! rétorque Jean-Marc. Tu ferais mieux de t'accorder un peu plus de respect.

– Excusez-nous, Monsieur, bredouille son partenaire, penaud. Nous avons arrosé mon anniversaire et nous ne nous sommes pas rendu compte.

– Vous savez que ce que vous faites est considéré comme de l'exhibitionnisme sexuel et passible d'une peine d'un an de prison et 15 000 euros d'amende ?

Ma radio grésille alors : « Bac 06 nuit de TN 06, vous êtes appelés sur une bagarre au Rubis. »

– Bien reçu, TN 06. Nous nous rendons sur les lieux.

Nous laissons repartir tout ce beau monde. La nuit n'est pas finie…

Car-jacking rue de Sèvres

Le feu tricolore vient de passer à l'orange. Jean-Michel ralentit. Arrêté au croisement de la rue des Saints-Pères et du boulevard Saint-Germain, il pointe le doigt vers le pare-brise. « Tiens, regarde, la Janine bat son quart ! » Manteau de laine violet, jupe noire, talons hauts, la petite blonde décolorée toute en rondeurs fait les cent pas sur le trottoir d'en face, un petit sac à main accroché à l'épaule. D'après Jean-Michel, le doyen de la bande, cela fait presque trente ans que Janine vend ses charmes aux passants. Mais ces derniers mois, on ne la voit plus guère officier dans le quartier. À 50 ans bien frappés, la travailleuse du sexe commence à connaître les turpides de l'âge. Alors, peu à peu, elle lève le pied. Elle habite avec sa mère dans une loge de concierge et, de temps en temps, elle enfile quelques passes pour mettre un peu de beurre dans les épinards. Tiens, elle vient justement d'accrocher un client… Fin de l'épisode. La radio reprend ses droits.

– Bac 06 de TN 06.

– Transmettez, TN 06.

– Car-jacking au 111, rue de Sèvres.

Jean-Michel passe la première et appuie à fond sur la pédale d'accélérateur. Je m'accroche à la poignée de plafond et colle ma radio contre mon oreille gauche pour être sûr de ne pas en rater une bouchée. Nouveau message de TN 06 : « Les malfaiteurs s'enfuient par le boulevard du Montparnasse à bord d'une Audi RS4. » Une berline sportive de luxe, très puissante, équipée d'une balise invisible installée sur le tableau de bord. Grâce à ce dispositif de géolocalisation par satellite, le propriétaire victime d'un vol peut suivre son véhicule en temps réel, aussi bien en mouvement qu'à l'arrêt, sur n'importe quel ordinateur. « La RS4 s'est immobilisée en haut de la rue d'Assas », nous prévient le Storno en contact téléphonique avec le propriétaire, qui a réussi à couper le moteur à distance en activant le système antivol par bipeur. Ça a quand même du bon, la technologie ! Jean-Michel remonte le boulevard du Montparnasse à tombeau ouvert. Gyro éteint, la conduite d'urgence s'avère particulièrement périlleuse mais difficile de parvenir à un résultat en flag' sans jamais prendre le moindre risque. Nous arrivons sur place en moins de deux minutes. Les portières de l'Audi sont grandes ouvertes. L'alarme hurle dans la nuit. Nos clients ne doivent pas être bien loin... Au début de ma carrière, il y a vingt-deux ans, mon premier réflexe aurait certainement été de foncer tête baissée à leur poursuite. J'aurais tellement eu peur de les laisser filer que je n'aurais pas voulu perdre une seconde. Mais, avec l'expérience, j'ai appris à dompter mes penchants de chien fou. Désormais, je prends toujours une poignée de secondes pour réfléchir à ce que je ferais à la place des bandits. En apprenant à raisonner comme eux, je peux anticiper davantage leurs faits et gestes. Il est quatre heures du matin. Ils ne peuvent donc pas avoir pris le métro.

– En général, sur ce genre d'opération, les suspects évitent les grands boulevards, rappelle, fort justement, Jean-Michel. Je tenterais donc bien par la rue Notre-Dame-des-Champs.

– Si tu veux...

Jean-Michel coupe les phares de la Citroën et emprunte le sens interdit. À la hauteur de la rue Le Verrier, à droite, Jean-Marc voit une ombre se dessiner au loin. Sans se poser de question, il descend de voiture et court à ses trousses. En trente secondes, l'homme est neutralisé. Il prétend s'être perdu en rendant visite à un ami, mais notre instinct de flicard nous dit qu'il ment. La radio grésille de nouveau. Nos collègues de la brigade viennent de coincer un autre mec boulevard de Port-Royal. Je balance à TN 06 la description de l'individu que nous venons de choper pour la confronter au témoignage de la victime. Veste en cuir noire, jean Kaporal... dans le mille. Le plaignant, qui travaille dans le prêt-à-porter, assure avoir formellement reconnu le logo de la marque brodé au-dessus des poches arrière du pantalon de son agresseur. Jean-Marc le palpe et lui met les pinces, tandis que Jean-Michel prend attache avec les services techniques pour faire remorquer l'Audi au Sarij.

Avec un peu de chance, l'identité judiciaire parviendra à exploiter certaines paluches. Je profite du trajet pour soutirer quelques infos supplémentaires au suspect.

– Si on retrouve tes empreintes dans la caisse volée, tu risques de passer plusieurs années à l'ombre. Alors si tu as des révélations à nous faire, je te conseille de cracher le morceau tout de suite.

Le jeune homme hésite un moment mais finit par soulager sa conscience.

– Ok, c'est vrai, j'ai fait une grosse connerie, reconnaît-il.

– Mais encore ?

– Je zonais avec un pote dans la rue de Sèvres quand j'ai vu ce type s'arrêter devant l'entrée d'un garage. Je ne pouvais pas laisser passer cette aubaine : je suis au chômedu, avec deux gamins sur les bras et plus une thune en poche. Alors on a couru sous l'auvent d'une épicerie et, lorsque le vieux a ouvert sa portière, on l'a menacé à la gorge avec une lame. Il nous a filé ses clés et on s'est barrés.

– Et t'as fait quoi de cette lame ?

– Je m'en suis débarrassé sous une Fiat rouge pendant la chasse.

– Demi-tour, annoncé-je à Jean-Michel. On retourne chercher le couteau.

Grâce aux précisions du suspect, Jean-Marc parvient à remettre la main sur le poignard. Cette fois, nous pouvons rentrer au bercail. Il suffira que la victime confonde les deux acolytes derrière la vitre sans tain pour clôturer l'affaire.

Casseurs des beaux quartiers

Un voleur, c'est comme un pêcheur. Quand il sent que ça mord quelque part, il prend confiance et revient toujours au même endroit. Cette théorie, je l'ai vérifiée maintes et maintes fois au cours de ma carrière, notamment en ce mois d'octobre 2006.

Cela fait alors deux semaines que les commerces du quartier subissent une vague de vols par effraction. Probablement l'œuvre des mêmes auteurs car les casses présentent beaucoup de similitudes. Ils ont toujours lieu la nuit, le jeudi ou le vendredi, du côté du Cherche-Midi-Saint-Placide. Les portes vitrines ne sont jamais brisées, juste forcées. Comme nous n'avons jamais réussi à les prendre en flag', je suis persuadé qu'il s'agit d'habitants du quartier qui peuvent opérer et se déplacer à pied sans risquer d'être inquiétés. Ce jeudi-là, Jean-Marc, Kaïs et moi nous retrouvons pour un repérage autour des commerces vandalisés. Rue de Babylone, boulevard des Invalides, rue de Sèvres, boulevard Raspail... Nous quadrillons le secteur de long en large pendant toute la nuit. Rien. Pas la moindre piste. Je sens peu à peu la résignation s'emparer de moi. Du coin de l'œil, j'observe Jean-Marc. Il a le visage crispé, le front plissé. Je n'ai pas besoin de le questionner. Cela fait neuf ans que nous travaillons ensemble. Je sais ce que cette mine traduit. Jean-Marc n'a pas vraiment l'âme d'une Pénélope. Comme la plupart des « baqueux », il n'aime pas qu'une affaire lui résiste, il veut du résultat tout de suite. « Allez, on plie les gaules », lancé-je, sur un ton faussement détaché.

Le lendemain, nous nous retrouvons tous les trois au commissariat pour la prise de service. Je commence à éplucher mon cahier dans lequel je rassemble toutes les informations susceptibles de nous aiguiller sur d'autres crânes.

– Qu'est-ce que tu fais ? intervient Kaïs, interloqué. On ne retourne pas sur le casse ? Moi, je n'ai pas envie de laisser tomber !

Kaïs était donc plus persévérant que je ne l'avais imaginé.

– Très bien. On repart pour un tour, cédé-je, sans trop y croire.

Nous montons en voiture, roulons un petit moment. Toujours aucun indice. J'ai eu tort de me laisser si facilement convaincre, ruminé-je, en silence. Mais je me garde bien de livrer mon scepticisme à Kaïs, lui qui semble plus opiniâtre que jamais. À deux heures du matin, nous sommes à la hauteur du Lutetia lorsque nous croisons deux mecs qui avancent sur le trottoir en direction de la rue de Sèvres, un sac sur le dos. Avec leurs cheveux blonds coupés courts, leur pantalon de jean et leur blouson de toile, ils ont tout l'air de Russes. Jean-Marc, Kaïs et moi échangeons un regard complice. Pas besoin d'ouvrir la bouche. Nous pensons tous les trois la même chose. Dans le milieu, les Russes ont la réputation d'être des spécialistes du casse. Cela n'a évidemment pas valeur de vérité générale, mais c'est la seule piste que nous tenons. Nous les gardons à l'œil. Kaïs descend pour les suivre. Jean-Marc et moi nous calons derrière à distance. À l'intersection suivante, les deux hommes tournent à droite dans la rue de Sèvres, bordée tout du long par de beaux immeubles et d'élégantes boutiques. Mon portable sonne.

Kaïs. « Ils sont en repérage, m'assure-t-il. Ils s'arrêtent devant certains magasins et testent la solidité des portes. »

Les promeneurs nocturnes continuent leur chemin jusqu'à la place Michel-Debré, dominée par le monumental *Centaure à corps de cheval et buste d'homme*, signé à la fin du XXe siècle par César. Sont-ils pressés ou indifférents à l'art ? Ils n'ont même pas un regard pour cette superbe sculpture en bronze. Sans but précis, ils prennent à droite dans la rue du Cherche-Midi, plongée dans le calme le plus complet. Ils continuent tout droit jusqu'au boulevard du Montparnasse, tournent à gauche et s'engouffrent dans la rue de Vaugirard. De plus en plus en confiance, ils ne prennent même plus la peine de regarder autour d'eux. Ils passent le métro Saint-Placide, traversent la rue d'Assas et, à l'intersection suivante, s'engagent dans la rue Cassette. Tiens, ils s'arrêtent devant l'entrée d'un immeuble. Ils semblent très bien le connaître : en moins de temps qu'il n'en faut pour le dire, ils composent le code et disparaissent derrière la porte en fer forgé noir. J'attrape mon passe, sort de la Focus et me glisse à pas de loup à l'intérieur, suivi de près par Kaïs. Lorsque nous débouchons dans le hall, nous entendons encore leurs pas grincer dans l'escalier. Nous stoppons net pour être sûrs de ne pas nous faire remarquer, patientons quelques secondes. Une clé cogne dans une serrure, une porte claque. Je joins tout de suite Jean-Marc sur son portable.

– Tu as vu une lumière s'allumer dans les étages ?

– Oui, au quatrième...

– Ok, on monte.

Arrivés sur le palier, nous entendons des voix derrière la première porte blindée. Je colle l'oreille. Du russe. Notre intuition était bonne... Je fais signe à Kaïs qu'on redescend. Avant de sortir, il regarde les noms affichés sur les boîtes aux lettres. Miguel, Fortin... c'est ça : Petrov. Nous rejoignons Jean-Marc et décidons de faire une planque dans la rue Jean-Bart, qui offre un bon point de vue sur la rue Madame. Au bout de trois quarts d'heure, les deux individus ressortent et remontent la rue Cassette en direction de la rue de Mézières. Kaïs leur emboîte le pas, Jean-Marc et moi progressons en voiture. Rue de Rennes, rue du Vieux-Colombier... les voilà qui retombent dans la rue du Cherche-Midi. Cette fois, c'est sûr, ils savent où ils vont. Ils marchent environ cent cinquante mètres pour s'arrêter au niveau de la boutique Paco Rabanne. Kaïs attrape immédiatement son téléphone pour me prévenir. Le temps que Jean-Marc approche la Focus blanche jusqu'au croisement Vieux-Colombier-Cherche-Midi, il court se cacher derrière le fameux *Centaure* de César pour avoir les suspects bien en vue. Tout s'enchaîne alors très vite. Les deux Russes sortent un pied-de-biche de leur sac à dos, font une pesée sur la porte vitrée. Bing, ça s'ouvre. Le verre éclate en mille morceaux, mais aucune alarme ne se déclenche. À peine les deux casseurs se sont-ils engouffrés dans la boutique que nous nous précipitons sur leurs traces. Tandis que l'un remplit son sac de parfums, l'autre, armé du pied-de-biche, s'affaire devant la caisse.

« Police ! » beugle Jean-Marc, en les menaçant avec son 357. Pétrifié, le premier lève les mains en l'air sans opposer la moindre résistance. Le second, en revanche, tente une ultime parade en s'enfuyant vers le sous-sol. Kaïs et moi nous mettons à ses trousses. La cave est plongée dans l'obscurité quasi totale. On ne voit pas à un mètre. Je sors mon revolver et intime à l'individu de se présenter. Pas de réponse. À force de tâtonner, Kaïs finit par trouver un interrupteur. La lumière s'allume. De part et d'autre de la pièce sont entassées des piles de cartons, soigneusement fermés par du gros scotch. Au milieu, sur une grande tringle en fer, sont accrochés des vêtements enveloppés sous des films plastique. Parmi ceux-ci, j'aperçois deux pieds qui dépassent d'un pantalon suspendu. Je fais un signe de la tête à Kaïs. Nous nous approchons tout doucement et le prenons en crabe. Cette fois, il est cuit !

Pendant que Kaïs menotte le second gaillard, Jean-Marc appelle du renfort pour faire garder les lieux jusqu'au lendemain matin. Quant à moi, je m'occupe de rechercher le nom et les coordonnées du propriétaire. Un car de police s'arrête devant le magasin. Deux collègues en tenue nous saluent et se postent devant l'entrée. C'est bon, on peut se replier. Une fois au commissariat, nous conduisons les deux Russes devant l'OPJ de permanence pour vols avec effraction. Lors de l'interrogatoire, ils reconnaissent le casse chez Paco Rabanne mais nient être impliqués dans les vols précédents. Pour les confondre, le procureur délivre, dès le lendemain, une commission rogatoire à la Bac jour pour effectuer une perquisition au domicile des suspects. La pêche est fructueuse : l'appartement est truffé de bijoux de luxe, de radios, de téléphones portables et autres parfums... De quoi mettre les deux malfaiteurs à l'ombre un bon moment.

L'amour vache

Insultes, chantage affectif, pressions psychologiques, agressions physiques, sévices sexuels..., chaque année, 2,5 millions de Françaises sont victimes de violences de la part de leur conjoint ou ex-conjoint et une femme meurt tous les deux jours et demi sous les coups d'un homme. Dans la police, nous sommes régulièrement confrontés à ces situations : une crise de jalousie qui dégénère, un père de famille alcoolique qui pète les plombs, une femme qui s'empare d'un couteau pour se venger.

Ce lundi soir de novembre 2006, Florian, l'OPJ de service, toque à la porte du bureau. « Venez, les gars, j'ai une affaire pour vous », nous annonce-t-il sans plus de précision. Intrigués, Yann et moi le suivons dans le hall du Sarij. Assise sur le banc des plaignants, une femme aux longs cheveux bouclés sanglote, la tête entre les mains.

– Cette demoiselle se prénomme Amina. Elle a 32 ans et vit rue Saint-Romain dans le VIe. Depuis un an, elle fréquente X, un célèbre chanteur-compositeur domicilié avenue de la République dans le XIe arrondissement. Jusqu'à présent, leur histoire se passait très bien, mais il y a quelques semaines il a commencé à la frapper. Sa violence est allée crescendo jusqu'à atteindre son paroxysme mercredi dernier... Il l'a soumise à des rapports contraints et séquestrée chez lui pendant cinq jours. Ce soir, la victime a finalement réussi à s'échapper, mais dans la précipitation elle a oublié son sac à main avec sa carte bleue, son portefeuille et ses clés. N'ayant nulle part où aller, elle est venue trouver refuge ici. Sur mon conseil, elle vient de contacter son compagnon au téléphone pour jauger son état d'esprit. Il a prétendu être tout disposé à lui rendre ses affaires, mais la fille ne croit pas en son baratin...

– Et qu'est-ce que tu attends de moi exactement ?

– Dès que j'aurai pris sa déposition, j'aimerais que tu l'accompagnes au domicile de son jules pour qu'elle récupère ses clés. Dès demain, je convoquerai le type pour une audition.

Je m'accroupis aux pieds de la victime.

– Bonsoir Mademoiselle, la salué-je d'une voix douce.

La jeune fille, emmitouflée dans sa gabardine marron clair, lève la tête. Derrière ce visage rougi par les larmes, je reconnais le teint clair et les traits fins propres aux Kabyles.

– Je me présente : major Bourdon, chef de la Brigade anticriminalité du VIe arrondissement. Le commandant m'a expliqué brièvement votre histoire. Vous êtes vraiment sûre de pouvoir récupérer vos effets personnels ?

– Je pense qu'il est prêt à tout pour me reconquérir, murmure-t-elle, abattue.

Je suis frappé alors par la douleur et le désarroi qui transparaissent dans ses magnifiques yeux ambre.

– Comment était-il au téléphone ?

– Charmant, comme il sait l'être quand il cherche à m'amadouer. Excuses, petits mots doux, il m'a sorti le grand jeu ! Mais tout cela n'est que fariboles. À la première occasion, il lèvera de nouveau la main sur moi. Il est très dangereux, vous savez. Ceinture noire de karaté, il n'a peur de personne... Combien de fois ne l'ai-je pas vu se bagarrer en un an ? Ce n'est pas par hasard s'il a une plainte pour violence sur le dos.

Au fur et à mesure que la jeune femme me décrit son

compagnon, j'échafaude un plan d'action. Tous les mecs sont des champions du monde de karaté devant leur moitié, mais celui-là semble particulièrement belliqueux. Pour éviter tout débordement, il me paraît plus prudent de solliciter un renfort à la brigade. Je prends congé un instant auprès d'elle et téléphone à l'officier de la brigade nuit.

– Bonsoir capitaine. Serait-ce possible de réquisitionner un de vos hommes pour une affaire de violence conjugale un peu délicate ?

Il réfléchit quelques secondes.

– Je demande à Vincent de se déshabiller – comprenez enlever son uniforme – et il est à vous.

– Merci, capitaine.

Vincent, je ne pouvais pas espérer mieux pour cette opération. Je l'ai croisé à de nombreuses reprises sur le terrain, et il m'a toujours fait bonne impression. Solide gaillard, passionné de judo comme moi, il dispose, à mon sens, de toutes les qualités requises pour intégrer la Bac : humble, discret, sportif, sociable.

Lorsque je reviens dans le hall, la jolie Berbère a disparu. Je passe la tête dans l'embrasure de la porte du bureau de Florian : ouf, elle est là, à faire enregistrer sa déposition. Je patiente dans le couloir. Quelques minutes plus tard, Florian réapparaît avec la jeune femme.

– C'est bon. Comme ça, tu pourras éventuellement interpeller le suspect si l'occasion se présente. À l'extérieur de son domicile, évidemment, prend-il le soin de me rappeler.

L'article 59 du Code de procédure pénale stipule en effet que « sauf réclamations faites de l'intérieur de la maison ou exceptions prévues par la loi, les perquisitions et les visites domiciliaires ne peuvent être commencées avant 6 heures et après 21 heures ». Vincent vient juste de nous rejoindre. Je lui dresse un topo rapide puis me tourne vers la plaignante.

« Vous êtes prête ? » Elle me fait oui de la tête. « Alors on y va. »

Je profite du trajet à bord de la Focus que conduit Yann pour lui poser quelques questions complémentaires.

– Comment l'avez-vous connu ?

– Par le biais de mon boulot. Je suis graphiste publicitaire et je travaillais sur l'affiche de son prochain concert...

– Il ne s'était jamais montré violent à votre encontre pendant les premiers mois de votre relation ?

– Pas du tout, au contraire ! me confie-t-elle, la voix étranglée par l'émotion. Bien sûr, je savais qu'il avait infligé des sévices à sa précédente compagne, l'affaire avait fait la une de tous les journaux people. Mais il était tellement doux, gentil et attentionné à mon égard que j'étais persuadée qu'il avait changé... Et puis, au fil du temps, il s'est montré de plus en plus possessif, jusqu'à devenir carrément brutal. À tel point que la semaine dernière je l'ai appelé pour mettre un terme à notre histoire. Il m'a dit qu'il avait besoin de me voir pour en parler. Mais quand j'ai débarqué chez lui, le lendemain, il ne m'a pas laissée repartir.

Les larmes roulent sur ses joues. Je lui prends la main : « Chut, ça va aller ». Je la laisse refréner ses émotions puis reprends.

– Il est 23 h 30. À cette heure, je n'ai pas le droit de sonner chez lui. Voilà ce qu'on va faire. Vous allez joindre votre copain sur son portable, lui dire que vous lui pardonnez, mais que vous avez besoin d'un peu de temps pour digérer ce qui s'est passé. Vous le priez alors de vous rejoindre en bas de son immeuble pour qu'il vous rende vos affaires. Et là, on intervient. Vous avez compris ?

– Oui.

Elle sort son Nokia de la poche de son imperméable, tapote sur le clavier. Au bout de deux sonneries, le type décroche.

– C'est moi, commence-t-elle, tremblante.

Elle lui sert deux-trois tirades bien amenées, histoire de le mettre en confiance, puis se jette à l'eau.

– Je viens de monter dans un taxi. Je serai chez toi d'ici une dizaine de minutes. Tu peux m'y retrouver avec mes affaires ? J'ai vraiment besoin de rentrer chez moi me reposer.

Étrangement, le mec mord à l'hameçon sans méfiance. Nous faisons un premier passage devant l'immeuble. Le visage nerveux, l'homme fait les cent pas devant sa fenêtre. Le téléphone de la belle Amina sonne.

– T'es où ? Qu'est-ce que tu fous ? T'es seule ?

– Avec qui veux-tu que je sois ? rétorque-t-elle.

– Je veux te voir de ma fenêtre !

De plus en plus terrorisée, elle peine à trouver ses mots. Je lui souffle la réplique.

– Le taxi va me déposer à la station juste en bas de chez toi. Tu me verras arriver.

Yann remonte la rue à vive allure. Une fois hors de vue, je descends et hèle un taxi. Je lui montre ma brème et lui enjoins de déposer la demoiselle à deux cents mètres pour une opération de police. Le chauffeur accepte sans rechigner.

– N'ayez crainte, précisé-je à la jeune femme alors qu'elle s'installe sur la banquette arrière de la BMW noire. Il ne vous fera aucun mal. Mes collègues et moi l'empêcherons de vous approcher.

À peine montée dans le taxi, Amina rappelle le cogneur.

– Je suis là dans cinq minutes…

Lorsqu'elle descend de voiture, le type est collé au rebord de sa fenêtre du quatrième étage, le regard braqué sur elle. Soudain, sa silhouette disparaît. Ça y est, il descend ! Nous en profitons pour nous mettre en place : moi dans la file de la station au milieu des clients, Vincent en face sous le porche et Yann en décalé. La porte cochère s'ouvre, un brun aux cheveux bouclés sort. J'observe Amina, elle est tétanisée. Je la réconforte de nouveau : « Il n'aura pas le temps. » Mon cœur bat la chamade. J'aime cette sensation intense que me procure ce métier. Je ne bois pas, je ne fume pas, mais cette drogue-là, je ne peux pas m'en passer. Il n'est plus qu'à dix mètres. Quelque chose de bestial se dégage du personnage. Je repense aux déclarations de la fille : « Il est très dangereux, vous savez. Ceinture noire de karaté. » Je m'attends à me prendre un coup de pied de face au plexus solaire, qu'on appelle en karaté un *mageri*, mais l'homme ne me calcule pas. Les mains enfouies dans les poches de son blouson, il fonce droit sur la fille. Je lance un dernier regard à Amina pour la rassurer… Oh, le salaud ! Il vient de sortir une paire de ciseaux de sa poche gauche. Bille en tête, je m'interpose, tonne « Police ! » et lui fais une prise de judo – un *morote*, pour les connaisseurs. L'individu chute lourdement au sol. Vincent se jette sur lui pour l'immobiliser. Dans un ultime sursaut de haine, il tente de se dégager, mais Vincent parvient à le maîtriser et à le menotter. Amina éclate en sanglots. Son calvaire est enfin terminé.

Visiteurs de bagnoles

Prise de service dans cinq minutes. Patrice et Jean-Marc, qui font comme moi partie des vieux de la vieille, se dépêchent de sortir s'en griller une devant le commissariat avant d'embaucher. Comme je ne fume pas, j'en profite pour passer un rapide coup de fil à ma nouvelle compagne. Tout en discutant, j'arpente la rue Jean-Bart de long en large, le regard errant. Un Espace noir tout cabossé à l'arrière fait trois fois le tour du pâté de maison à la recherche d'une place de stationnement, puis finalement s'éloigne. L'alarme d'une Mercedes garée devant le numéro 15 se met soudain à hurler dans la nuit. Un clochard qui dort profondément sur un matelas de fortune, sous le porche d'un immeuble, pousse un léger grognement avant de refermer les paupières. À l'angle de la rue de Fleurus, mes yeux tombent sur deux grands ados qui remontent la rue Madame, côté pair, en échangeant des sourires complices avec deux autres jeunes hommes de l'autre côté du trottoir. Mina, qui dirige une petite société, continue de me raconter sa journée – l'employée malade, les clients mécontents, la comptabilité en retard –, mais je ne l'écoute plus. Je suis focalisé sur le petit groupe en jean, vestes de treillis et trainings TN Requin qui avance nonchalamment en lorgnant l'intérieur des voitures.

– Tu n'es plus là, me fait-elle gentiment remarquer.

Après six ans de vie commune, elle me connaît par cœur.

– Désolé, faut que j'y aille...

Je ne suis pas sûr de moi à 100 % mais je sens que les quatre mecs ne sont pas clairs. Vu leur profil, leur démarche et l'heure de la journée, je dirais qu'il s'agit de roulots. Je fais signe à Patrice et Jean-Marc de me rejoindre, puis leur dresse un rapide état des lieux. Pour ne pas être repérés, nous devons absolument nous séparer. « Restez à distance dans la R19, propose Patrice. Moi, je vais les prendre en filoche. Je vous guiderai au fur et à mesure sur la fréquence réservée sur laquelle seuls nous trois pouvons communiquer afin que vous puissiez les sauter très vite si ça tourne mal. » Marché conclu. Pendant qu'il s'éloigne dans la rue de Fleurus, Jean-Marc et moi faisons le tour en voiture par la rue Madame, tous phares éteints. Au bout de sept ou huit minutes, Patrice nous confirme sur les ondes que nous avons affaire à un groupe de roulots bien organisés. Deux s'occupent de faire le guet, tandis que les deux autres lorgnent dans les bagnoles, à la recherche de quelque objet intéressant à tirer. Ils se retournent régulièrement et prennent le soin, à chaque coin de rue, de revenir sur leurs pas pour s'assurer que personne ne les suit : manifestement, ces jeunes n'en sont pas à leur coup d'essai. Ils poursuivent rue d'Assas, longent le célèbre lycée Montaigne, rue Auguste-Comte. Soudain, le Storno résonne de nouveau.

– Je me replie, annonce Patrice, amer. Avec ces fichus reflets de lampadaires, je ne parviens pas à voir ce qu'ils font. Si je m'approche davantage, je risque de me faire griller.

– Ok, retrouve-nous dans la rue de l'Observatoire, le long du trottoir de gauche. Derrière l'allée d'arbres, on pourra mater sans être vus.

Nous tournons dans la rue Michelet et nous nous dirigeons vers le lieu de rendez-vous. À l'entrée de la rue de l'Observatoire, Jean-Marc coupe le moteur et éteint les feux pour ne pas attirer l'attention. Je descends du véhicule, m'accroupis derrière la haie et observe. Quelques secondes plus tard, Patrice nous rejoints. Les suspects viennent de prendre la contre-allée juste en face. Ils semblent accorder un intérêt tout particulier aux Renault bas de gamme, type Clio ou Twingo. Vont-ils forcer la porte avec un tournevis ou une paire de ciseaux, jeter une bille en acier dans le carreau conducteur ou faire une griffure sur la vitre avec une bougie de mobylette pour la briser comme avec un diamant sans aucun bruit ? Je n'en ai aucune idée. Il faut attendre... À peine quelques minutes, à vrai dire. Au bout de la rue, deux d'entre eux s'arrêtent devant une Twingo bordeaux un peu usagée, tandis que les deux autres restent en couverture, quelques mètres derrière. Pas le temps de dire ouf, le grand brun a déjà introduit un objet métallique – un tournevis, selon toute vraisemblance – dans la garniture de la portière avant pour faire levier. Il n'y a plus qu'à passer les mains et la porte est pliée. C'est ce qu'on nomme, dans notre jargon, la technique de la pliure, aujourd'hui peu usitée du fait du renforcement des châssis et carrosseries. Nous ne bougeons pas. En flag', il faut toujours laisser le délit se consommer. C'est la règle de base. Le roulot glisse la main à l'intérieur de la Twingo pour ouvrir la portière et se met à fouiller le véhicule. Nous échangeons un regard furtif... En avant !

Pendant que Jean-Marc et Patrice circulent en voiture sans phares, je passe la clôture et progresse à travers le jardin en me cachant derrière les lampadaires, les tables de ping-pong et les statues. Avant de franchir la seconde barrière, je jette un ultime coup d'œil vers les suspects. Ils viennent de dégoter une paire de Rayban et une pochette en cuir. Je fonce.

– Ne bougez pas ! aboyé-je, mon 357 braqué sur eux.

Tandis que je les tiens en joue, Jean-Marc menotte les deux guetteurs main droite, main gauche. Patrice, lui, procède à la palpation des auteurs avant de les pincer avec deux paires de menottes. La Twingo est remorquée devant le commissariat. Les quatre suspects sont présentés à un officier de police judiciaire et mis en garde à vue. Les deux auteurs sont des récidivistes, avec des dizaines de méfaits à leur actif. Le vol à la roulotte, très répandu en France, est passible de cinq ans de prison et de 75 000 euros d'amende.

Flics sans frontières

Une fois n'est pas coutume, j'affiche deux heures de retard au compteur ce mardi de fin novembre 2008. Je suis pourtant très à cheval sur les horaires, mais un terrible carambolage entre un bus et un camion m'a bloqué sur l'autoroute pendant plus de trois heures. Kaïs et Yann sont déjà là depuis un bon moment quand je me pointe au bureau, avec la mine des mauvais jours. Ils me saluent et me chambrent gentiment en regardant la pendule accrochée au-dessus de la porte d'entrée. Je leur sers ma boutade habituelle : « N'oubliez jamais. Le subalterne est en retard. Le chef a été retenu. » Des paquets de gâteaux, des bonbons, des barres chocolatées et une grosse bouteille de deux litres de Coca s'entassent près du clavier d'ordinateur de Kaïs.

– Tu devrais surveiller davantage ton alimentation, le réprimandé-je pour la énième fois, avec un froncement de sourcils désapprobateur. Le travail de nuit est suffisamment éprouvant pour l'organisme pour ne pas en rajouter ! Il paraît que ceux qui bossent de nuit toute leur carrière entament leur espérance de vie de sept ans, à moins de faire attention. Pourquoi crois-tu que je ne fume pas, que je limite au maximum ma consommation d'alcool et que je pratique beaucoup de sport ?

Kaïs se fiche complètement de mes recommandations. Il rigole et continue d'engloutir impunément son paquet de chips.

– Tiens, t'en veux ? me propose-t-il pour me narguer.

Je hausse les épaules. J'en ai assez entendu comme ça.

– On sort ?

Nous nous préparons donc à faire un petit tour sur le terrain. Encore une nuit calme. La circulation est extrêmement fluide. Personne ne traîne dans les rues ni dans les bars. Les interpell' deviennent une denrée rare ces derniers temps. La faute sans doute à la vague de froid persistante qui bloque le thermomètre en dessous de zéro. Mais Kaïs a la bougeotte. Il veut de l'action.

– On n'a qu'à changer de secteur, suggère-t-il avec une légèreté déconcertante.

Je ne suis pas d'accord. Braconner n'est certes pas interdit par le règlement mais, pour préserver l'entente cordiale avec nos collègues des autres arrondissements, mieux vaut rester chacun chez soi. Je résiste. Pas très longtemps. Yann et Kaïs deviennent si pressants que je cède. « Une promenade dans le Ve siérait-elle à ces messieurs ? »

Yann, au volant de la Focus, fait demi-tour en direction de la Sorbonne. Nous ne nous sentons pas trop dépaysés dans ce quartier. L'arrondissement ressemble beaucoup au nôtre : petit, avec un bout de Quartier latin. Mes deux acolytes sont aux anges. Moi, je n'en mène pas large. Si nos homologues de la Bac 05 nous voient circuler sur leur secteur, ils risquent de nous demander des comptes. Nous remontons la rue Saint-Jacques, puis tournons à droite dans la rue des Écoles pour nous éloigner un peu de nos terres. Nous redescendons rue des Carmes, boulevard Saint-Germain, rue de Poissy, pour nous retrouver finalement sur les quais.

– Là-bas, regardez ! s'écrie soudain Kaïs.

Quelques mètres plus loin, un diable longiligne, la trentaine, cheveux longs, essaie d'ouvrir chaque porte d'immeuble pour tenter de s'introduire à l'intérieur. Kaïs se propose de le filer. Je le laisse faire. Il descend et part dans son sillage. Yann et moi faisons le tour par la rue de la Bûcherie pour nous recaler derrière. Malgré son allure désinvolte, le bougre observe autour de lui avec méfiance. Il multiplie les coups de sécurité, revient sur ses pas, change de rythme. La première impression de Kaïs se confirme. Il s'agit bel et bien d'un cambrioleur. Et pas n'importe lequel. Il appartient à la catégorie des habitués, cela se voit.

Il est maintenant trois heures du matin. Notre homme s'enfonce dans la rue Saint-Séverin, située dans le bas du Quartier latin. Caché sous un porche, Kaïs me téléphone pour me confirmer qu'il cherche à casser un magasin.

– Il est trop prudent. Je vais devoir prendre du champ.

Dès lors, une double surveillance s'impose.

– Je vais me placer en amont du suspect et essayer de devancer ses faits et gestes, annonce Yann, plein de bonne volonté. Comme ça, nous aurons deux points de vue.

Je m'installe au volant et passe la première. Yann me prévient alors par téléphone que notre client s'est arrêté devant une pizzeria de la rue de La Harpe avant de disparaître mystérieusement. Kaïs aussi l'a perdu de vue. Je pose la voiture en contrebas et rejoins mes coéquipiers. La radio crépite tout à coup : « Bac 05 de TN 05. Cambriolage en cours dans une pizzeria rue de la Harpe. » Je m'aperçois alors que je n'ai pas prévenu TN 05 de notre présence sur l'arrondissement. Nous échangeons avec Kaïs un regard perplexe. Quelqu'un vient de dénoncer notre mecton au commissariat du Ve. La Bac 05 va s'amener d'une minute à l'autre. Il faut agir, et vite. « TN 05 de Bac 06. Nous sommes à proximité. Nous nous rendons sur place. »

Nous jetons un œil dans la salle du restaurant mais ne décelons aucun mouvement. Étrange. Une fenêtre s'ouvre à l'étage. Un homme en pyjama écossais passe sa tête. Nous mettons nos brassards « Police ».

– Je suis le propriétaire, dit-il. Quelqu'un s'est introduit tout à l'heure et je ne l'ai pas entendu ressortir !

– Ouvrez-nous vite, Monsieur.

– Oui, oui, tout de suite, je descends !

La Bac 05 se radine à vive allure. Un brin mal à l'aise, je me présente aussitôt. Les collègues se montrent aimables comme des portes de prison. Je les comprends. J'empiète sur leur terrain de chasse. Ce n'est pas le lieu ni le moment de polémiquer. La priorité est au cambriolo. Le premier qui le trouvera remportera l'affaire. Nous nous répartissons les tâches : la Bac 05 s'occupe de fouiller le sous-sol, nous ratissons le premier étage. Nous ouvrons les portes les unes après les autres. Aucun quidam en vue. Nous terminons par le cellier, plongé dans une parfaite obscurité. Revolver à la main, je tâte le mur à la recherche de l'interrupteur. Sans succès. Je vérifie mes poches. Quel crétin ! J'ai oublié ma lampe Maglite dans la Focus. Je referme et redescends au rez-de-chaussée. Yann sonde une nouvelle fois le patron de la pizzeria.

– Vous êtes sûr que l'individu est encore ici ?

– Certain.

Quelque chose me chiffonne. Je décide de retourner dans le cellier que je n'ai pas pu bien examiner. Je me sers de l'écran de mon mobile pour m'éclairer un peu. Je m'avance dans la pièce. Au milieu des caisses et des casiers à bouteilles, j'aperçois une couverture à même le sol. Je tire dessus d'un coup sec. Le zigue s'est caché dessous. Il est fait comme un rat. Kaïs est tout sourire. Son obstination a payé.

– TN 05 de Bac 06. Interpellation d'un individu dans la pizzeria pour vol avec effraction.

Mes collègues de la Bac 05 sont verts. Cette fois, c'est décidé, c'est la dernière fois que je braconne...

Traquenard sur les quais

En flag', il y a ceux qui savent flairer tout de suite les bons coups et ceux qui, à force d'en chercher, finissent par en trouver. Marc entre dans la seconde catégorie. Toujours avide d'épater la galerie, il a un peu tendance à voir des affaires là où il n'y en a pas. Alors quand, une nuit de 2009, il pointe du doigt trois hères encapuchonnés divaguant sur les voies sur berge, en contrebas du quai de la Monnaie, Jean-Marc, Stéphane et moi ne le prenons pas au sérieux. Les vagabonds semblent paumés, un peu avinés, mais de là à ce qu'ils commettent un délit… Je n'y crois pas du tout. Pour ne pas gâcher les ardeurs de mon collègue un brin zélé, je le laisse néanmoins sortir de la voiture et prendre le trio en filature à bonne distance.

– Il va encore user ses godasses pour rien, raille Stéphane, goguenard, après que Marc a fermé la portière.

– C'est en forgeant qu'on devient forgeron…

Nous stationnons sur les quais et observons la scène depuis la Focus. Les trois jeunes remontent les voies sur berge et traversent le pont du Carrousel qui mène tout droit aux arcades du Louvre. Happés par un morceau de musique techno, ils stoppent à mi-parcours pour regarder une brochette de trentenaires bon chic bon genre se trémousser, une coupe de champagne à la main, sur le bateau-mouche qui navigue juste en dessous. À leur tour, ils se mettent à danser, puis reprennent leur chemin. Tirant une latte sur sa cigarette, Marc les suit toujours, imperturbable. Je commence sérieusement à perdre patience quand, contre toute attente, les trois loulous redescendent sur les bords de Seine, côté Ier arrondissement, et foncent immédiatement pour aller se cacher derrière les arbres. Je fronce les sourcils. Dans la lueur des réverbères, on distingue au loin une ombre qui marche dans leur direction. Cette fois, force est de reconnaître que Marc a eu du nez. Il faut vite lui apporter du renfort avant que les choses tournent mal !

Quand on atterrit de l'autre côté sur les quais, Marc est prêt à intervenir. Les trois voyous ont déjà bondi sur le promeneur, un homme d'une trentaine d'années, et l'ont allongé sur le flanc gauche. L'un maintient sa tête avec son pied, l'autre lui assène des coups dans le ventre tandis que le troisième fait ses poches. *Go !* On progresse à couvert derrière les arbres, puis on se jette sur eux en ne leur laissant aucune chance. La victime est indemne mais choquée. Pendant que Marc, Jean-Marc et Stéphane remontent les trois jeunes menottés à la Ford, je réclame un car de police pour un transport. À peine le temps de passer mon message, un Maghrébin m'apostrophe.

– Monsieur, vous êtes de la police ? me demande-t-il poliment. Ces trois personnes m'ont agressé tout à l'heure. Elles m'ont roué de coups et m'ont piqué mon portable.

Effectivement, lors de la fouille, Stéphane retrouve un iPhone dans l'une de leurs poches. On embarque donc tout ce petit monde au commissariat du Ier arrondissement pour prendre les dépositions. Et là, une série de mauvaises surprises : en consultant le fichier, on découvre avec stupéfaction que le trentenaire passé à tabac est recherché pour des faits pédophiles. Quand au jeune beur, il aurait mieux fait d'oublier son portable : le fichier nous indique qu'il est en situation irrégulière sur le territoire. Résultat : en une intervention, on fait cinq mises en garde à vue. Marc jubile...

Le saut de l'ange

Une arrière-cour d'immeuble pavée où cohabitent poubelles et bacs à fleurs. La lumière est en panne mais, sous les rayons bleutés de la pleine lune, je distingue les contours d'un appentis en bois lové contre la grille qui sépare les deux copropriétés mitoyennes. Je m'approche, ma lampe torche à la main : des poussettes, des vélos... Nom d'un chien ! Un corps. Affalé sur le toit, immobile. Un jeune homme, avec de grands yeux noirs hagards. Son souffle est faible, haletant. Aucune trace de sang. Et pourtant, la grille lui a transpercé la peau.

Je m'éveille en sursaut, en nage dans mon lit. Je viens de faire un cauchemar. Cela m'arrive rarement. Mais, cette fois-ci, le boulot m'a rattrapé... Le drame s'était déroulé une semaine plus tôt, boulevard Raspail. La scène n'avait rien de particulièrement traumatisante, mais l'inconscient n'a pas toujours de logique palpable.

Il est aux alentours de 23 heures. Je suis en ronde rue de Rennes avec Jean-Marc, Yann, Xavier, Benjamin, un jeune homme mesuré, discret, fidèle, d'une moralité exemplaire. Tout à coup, un message radio annonce qu'une personne est tombée du cinquième étage, à deux cents mètres de là. Nous sommes les premiers à nous rendre sur les lieux. En façade, rien de suspect. Nous nous engouffrons donc à l'intérieur. Sept ou huit jeunes de 17-19 ans sont prostrés dans le hall. Trois filles submergées par le chagrin s'étreignent comme si de trois vies, elles ne voulaient faire qu'une. Recroquevillé sur la première marche des escaliers, un grand blond dégingandé sanglote, la tête entre les mains. Les autres déambulent, le regard vide. Lorsque nous nous annonçons, l'un d'eux s'avance vers nous. « Sam est tombé du cinquième étage. Il est dans la cour. C'est horrible. »

Pendant que Xavier se plante devant la porte d'entrée pour empêcher que les témoins ne quittent les lieux, Jean-Marc et moi nous dirigeons vers la petite cour pavée, éclairée par les seuls rayons de la lune. Au premier coup d'œil, je ne vois rien. J'allume ma lampe torche, fais quelques pas, toujours personne en vue. Je tourne sur moi-même à 360 degrés et, soudain, je le vois, là, sur l'appentis. Je fais signe de la main à Jean-Marc, posté à l'entrée de la cour, et m'approche sans bruit, pour ne pas effrayer le blessé. Le jeune homme, les yeux grands ouverts, est empalé sur la grille. Je me penche au-dessus de sa poitrine et colle mon oreille contre sa bouche : il respire. Difficilement, mais il respire. Je lui prends la main. « Ne vous inquiétez pas, les pompiers vont s'occuper de vous. »

Jean-Marc appelle les secours, puis il me hèle. « Benjamin et moi montons au cinquième étage avec un témoin pour tenter de comprendre ce qui s'est passé ! » J'acquiesce d'un signe de tête. Comme je me sens soulagé lorsque je vois les secours débarquer avec brancard et sac d'intervention ! Un rapide coup de fil à l'OPJ de permanence pour lui demander de venir faire les constatations, puis je rejoins mes collègues au cinquième étage.

Une fois franchi le seuil de l'appartement, je me retrouve dans un long corridor orné de moulures et de boiseries. Le sol parqueté est encombré de cannettes de bières vides. Je passe la tête dans l'embrasure de la première porte sur la gauche. La cuisine ressemble à un champ de bataille : un monticule d'assiettes sales dans l'évier, des cadavres de bouteilles d'alcool entassés sur la table en ivoire, des mégots de cigarettes et des restes de nourriture jonchant le carrelage blanc. Je continue à explorer l'enfilade des pièces. Pas de trace de Jean-Marc ni de Benjamin.

– Où êtes-vous ? appelé-je à pleine voix.

– Ici !

Je les retrouve finalement dans une chambre à coucher. Un vrai capharnaüm ! Les draps du lit sont défaits, des vêtements éparpillés partout sur la moquette, le bureau encombré de classeurs, de livres de philo en pagaille et d'un cendrier débordant. Dans un angle, une guitare classique est posée sur un stand, au milieu d'un tas de partitions.

– Alors ?

– Ce jeune homme dit avoir profité de l'absence de ses parents pour organiser une soirée avec des potes, résume Jean-Marc. Il assure que tout se passait normalement jusqu'à ce que son ami se jette par la fenêtre.

– Il était suicidaire ? demandé-je, en m'adressant au gamin.

– Non, Sam s'est simplement mis en tête de voler comme Superman et je n'ai pas eu le temps de l'arrêter.

Le témoignage paraît crédible : aucun meuble n'étant posé devant la fenêtre, le jeune garçon n'a pas pu tomber accidentellement. Je me penche au-dehors pour vérifier que la version coïncide avec la configuration des lieux. Sous les lumières d'un projecteur, les pompiers s'affairent à couper la grille à l'aide d'une meule. La scène est dantesque. Des bouquets d'étincelles jaillissent de toutes parts, du sang gicle sur le toit, tandis que la victime gémit atrocement. Je laisse le témoin aux mains de mes coéquipiers et termine l'inspection de l'appartement. Je fouille la salle de bains, jette un œil dans les toilettes, traverse la salle à manger et débouche dans le salon. Le pan gauche est occupé par une grande bibliothèque en chêne massif, remplie d'ouvrages reliés en cuir et décorés à l'or fin. Près de la fenêtre, des baobabs voisinent avec des bananiers. Je m'approche de la table basse installée au milieu de la pièce, devant un superbe canapé en cuir noir : plusieurs chichons et des traces de poudre blanche. Vraisemblablement de la coke. Je m'apprête à quitter la pièce lorsque je vois un pied dépasser derrière le canapé. Un mec dort à poings fermés sur la moquette, l'haleine chargée d'alcool, de shit et de tabac. Je lui tapote l'épaule pour le réveiller. Aucune réaction. Je le laisse cuver en paix et reviens chercher le témoin dans la chambre.

– Je vais pas te faire un dessin. Ton ami est entre la vie et la mort dans la cour de ton immeuble. La table de ton salon est recouverte de morceaux de shit et de traces de poudre. T'as donc plutôt intérêt à me dire d'où ça vient…

– J'sais pas, répond-il en baissant les yeux.

– T'es majeur ?

– Oui.

– Je te conseille donc vivement de coopérer. Car si ton copain décède, c'est toi qui en porteras la responsabilité. De toute façon, que tu le veuilles ou non, on finira par connaître la vérité. Un OPJ va débouler d'une minute à l'autre pour procéder à des analyses de stupéfiants.

Il n'en faut pas plus pour convaincre le témoin de se mettre à table.

– C'est vrai. Plusieurs d'entre nous ont consommé de l'alcool et de la dope en petites quantités. Sam n'a pas l'habitude de ces mélanges. Il n'a pas supporté. Il a commencé à avoir des visions. Il n'arrêtait pas de dire qu'il voulait voler comme Superman. Ça nous faisait évidemment tous marrer. Et puis, à un moment, il a disparu dans la chambre. Comme je ne le voyais pas revenir, je suis allé le chercher. Quand j'ai vu la fenêtre ouverte, j'ai tout de suite compris…

L'OPJ, arrivé dans l'intervalle, prend le relais pour l'interrogatoire. Nous redescendons dans la cour. Alors que les pompiers glissent la victime sur un matelas coquille, le médecin du Samu nous livre son premier diagnostic : « Le poumon, la cuisse, le mollet et le bas du dos semblent être perforés. Nous le transportons immédiatement à Cochin. »

J'apprendrai quelques jours plus tard par l'OPJ que le jeune Icare en a réchappé, au prix tout de même de lourdes séquelles.

Mauvais payeurs

Il faut de tout pour faire un monde, dit le proverbe. Ce principe s'applique aussi dans une équipe de Bac. Des hommes et des femmes, des jeunes et des vieux, des costauds et des gringalets, des sportifs et des intellos. C'est en osant cultiver les différences, la diversité des cultures, des savoir-faire et des expériences qu'on obtient les meilleurs résultats. Prenez Kaïs, le Français d'origine marocaine le plus gentil que je connaisse, Patrice, une force de la nature, entier et franc du collier, et Yann, un mec posé et agile d'esprit au look d'étudiant branché. Ils n'ont pas grand-chose en commun, et pourtant l'alchimie fonctionne parfaitement. Démonstration.

Ce vendredi soir de janvier 2010, nous circulons tous les quatre, boulevard Saint-Michel. Je leur raconte mes dernières vacances au Club Med de Val-d'Isère, entre ski, remise en forme et bonne bouffe. « Et t'as réussi à prendre le tire-fesses sans te gaufrer ? » me charrie Kaïs. Un coup de fil de Karim, physio dans un café branché du boulevard Saint-Germain, m'empêche de répliquer. Deux mecs sont au comptoir et refusent de payer la note. Il craint que ça tourne mal. Sans me poser de question, je me mets en route avec mes hommes. Karim n'est pas du genre à nous déranger pour rien. En cinq minutes, nous sommes sur place. Malgré les températures glaciales, la terrasse est pleine à craquer. Emmitouflées dans leur écharpe en laine, trois jeunes filles bon chic bon genre se serrent sous un brasero rougeoyant pour se réchauffer, un mojito à la main. À côté, deux cadres sup' en duffle-coat discutent en fumant une cigarette. Patrice et moi nous faufilons à l'intérieur. Les enceintes crachent une célèbre chanson de Moby. Les serveurs dépotent, les assiettes bien garnies défilent. Au milieu de cette agitation, j'aperçois Karim, posté dans un coin, les mains plongées dans les poches de son costume noir. Discrètement, il me salue de la tête et me montre des yeux deux individus complètement raides, en discussion houleuse avec le responsable de nuit du bar. Le plus fin, teint mat, le regard noir, porte un polo bordeaux et une casquette blanche, l'autre, trapu, épaules carrées, est vêtu d'un pantalon de velours marron et d'une chemise rayée. Je m'approche.

– Je peux vous aider ? demandé-je, courtois.

– T'es qui, toi ? réplique le petit râblé, avec un air agressif.

Je lui tends ma carte.

– Rien à foutre de la police ! rétorque-t-il, en jaugeant Patrice. Et toi, je vais te casser la gueule !

D'un signe de tête, je fais signe à Kaïs et Yann, en position d'attente devant l'entrée, de se préparer à intervenir. Je sens que ça va partir. Ça ne manque pas ! Le hargneux assène un coup de poing au visage à Patrice, qui réplique immédiatement par un uppercut au menton. Branle-bas de combat général : la musique s'arrête, les tables autour de nous se vident. Pendant plus d'une minute, les injures pleuvent au même rythme que les coups. Soudain, dans un accès de rage incontrôlée, le petit trapu brandit un tabouret et le jette dans les jambes de Kaïs. Un brin justicier dans l'âme, Patrice se rue sur l'assaillant pour le neutraliser. Pendant qu'il l'immobilise au sol, Karim et moi nous chargeons du grand dégingandé. Palpation, menottage. Les hostilités sont terminées.

Mais on a pris cher dans les deux camps. Les suspects ont le visage tuméfié, Patrice est blessé à l'œil et à la joue et Kaïs a la jambe droite enflée.

Dans un silence pesant, j'appelle les pompiers pour faire soigner les deux trouble-fête. On s'apprête à les embarquer dans le car de police-secours dépêché sur place quand cinq ou six Cubains débarquent dans le bar pour retrouver leurs amis. Lorsqu'ils les voient menottés, ils tombent des nues.

– Que s'est-il passé ? me presse l'un d'eux.

Je lui dresse le topo.

– Ce sont des joueurs de polo professionnels, m'expliquent-ils. Ils ne feraient pas de mal à une mouche, mais dès qu'ils boivent ils deviennent stupides...

N'empêche qu'ils ont quand même agressé deux agents de la force publique. Ils vont donc être mis en garde à vue et entendus par un officier de police judiciaire.

Le lendemain à 14 heures, je termine tranquillement de déjeuner en famille, coup de téléphone. À la demande du procureur, je suis convoqué à 16 heures au commissariat pour une confront' avec les deux Cubains interpellés la veille. Quand je rapplique deux heures plus tard, Patrice et Kaïs sont déjà installés dans le bureau de l'OPJ. Les deux prévenus me succèdent. Après une nuit en cellule, ce ne sont plus du tout les mêmes. Leur visage amoché respire la crainte et la honte. Pas la peine de les cuisiner, ils reconnaissent les faits sans aucune difficulté. Devant le tribunal, ils la joueront à nouveau profil bas et s'en sortiront avec une simple amende. Deux semaines plus tard, Kaïs et Patrice recevront ainsi chacun un chèque de 400 euros, accompagné d'un petit mot d'excuse.

Piège à sous

La paperasse administrative, ce n'est pas trop mon truc. Mais, quand on est chef, on ne peut pas y échapper. Au menu ce samedi : la gestion des congés annuels. Chacun a émis des souhaits pour les fêtes de fin d'année. À moi de les accorder au mieux avec les contraintes opérationnelles.

– Yann et Benjamin voudraient Noël, résumé-je, tout haut, les yeux fixés sur ma feuille. Patrice, Kaïs, Olivier, Xavier, Jean-Marc et Philippe, le Nouvel An. Aïe, aïe, aïe, il va falloir faire des concessions, les gars... Bon, priorité aux anciens et aux papas d'enfants scolarisés : Jean-Marc et Patrice...

Téléphone. TN 06.

– La Bac ?

– Oui, major Bourdon à l'appareil.

– Il semblerait qu'on ait un Dab – notre abréviation pour distributeur automatique de billets – piégé à la banque LCL, située au 22, boulevard Saint-Michel. Une fille vient d'appeler. En voulant retirer de l'argent tout à l'heure, elle s'est fait avaler sa carte bancaire. Comme sa mère a rencontré la même mésaventure il y a quelques années, elle a tout de suite pensé à une escroquerie. Je vous donne son portable pour le contre-appel et vous voyez ce qu'il en est, ok ?

– Très bien, je m'en occupe.

Tant pis, on verra ce fichu tableau plus tard.

– Allez, les gars. On a un Dab sur le feu.

Yann, qui habite maintenant Angers, n'est pas encore arrivé mais nous ne pouvons pas nous permettre de l'attendre. Ce genre d'affaires, on n'en voit quand même pas tous les jours ! Nous nous mettons tous les quatre en route. Jean-Marc a déjà allumé le moteur et engagé la première lorsque je vois Yann courir à perdre haleine dans le rétro.

– Désolé, il y avait un bordel monstre sur la route !

– Dépêche-toi, monte !

Pendant le trajet, je compose le numéro de la plaignante.

– Allô ? Bonsoir Mademoiselle. Ici la police. Je reviens vers vous à la suite de l'appel que vous venez de passer à nos services pour la perte de votre carte bancaire.

– Oui ?

– Ne vous inquiétez pas. Nous sommes en chemin. Attendez-moi un peu en retrait de la banque. Par mesure de discrétion, je viendrai seul à votre rencontre.

– Entendu. Je vous attends à l'abribus juste au-dessus du LCL.

Xavier nous dépose boulevard Saint-Germain, puis remonte se stationner à l'angle de la rue des Écoles.

– Jean-Marc et Yann, restez ici en surveillance. Observez toutes les motos garées dans les parages.

Les Dabistes choisissent souvent le coffre d'un deux-roues pour installer le transmetteur de leur caméra, capable de mémoriser le code de la carte avalée.

– Kaïs, de ton côté, occupe-toi de vérifier si l'appareil a été trafiqué. Moi, je file voir la plaignante.

Assise sur le banc de l'aubette, une jeune fille, aux longs cheveux bruns, dévore un livre de Yasmina Khadra. Ce ne peut être qu'elle ! Je la salue et lui présente discrètement ma brème.

– Dites-moi exactement comment ça s'est passé.

– Je voulais prendre un taxi pour rentrer chez moi, mais

en fouillant dans mon porte-monnaie je me suis aperçue que je n'avais pas assez d'argent. Je suis donc allée au distributeur. J'ai inséré ma carte de crédit, ai composé mon code et, là, la machine s'est bloquée. J'ai eu beau presser sur la touche « annulation », impossible de récupérer ma carte. Je n'aurais probablement jamais pensé que le distributeur pouvait être piégé si ma mère ne s'était pas fait attraper par le passé. La pauvre ! Elle s'en était sortie avec plus de 1 500 euros de retraits frauduleux...

– Effectivement, ce genre d'arnaque est fréquent le samedi soir, reconnais-je. Les escrocs ont ainsi le temps d'effectuer plusieurs opérations avant que les victimes ne se présentent à leur banque le lundi... On va voir ce qu'on peut faire. Suivez-moi.

Nous rejoignons Jean-Marc et Yann à l'angle de la rue. Ils sont en attente, les yeux rivés sur Kaïs, qui fait semblant de retirer de l'argent au Dab pour inspecter le dispositif. Au bout de deux minutes, il range son portefeuille et s'éloigne. Pour ne pas se faire repérer, il emprunte un chemin détourné puis me contacte sur mon portable.

– Je crains que la demoiselle n'ait vu juste. Un faux clavier a été collé sur le vrai et je crains qu'ils n'aient aussi posé un collet marseillais. La carte de la demoiselle n'a pas été complètement avalée. J'ai l'impression qu'ils ont simplement placé un petit morceau de bande VHS dans la fente pour la retenir. Avec un trombone en fer, ils devraient la récupérer en un tour de main.

Je me tourne vers la demoiselle.

– Vos soupçons s'avèrent malheureusement fondés. Je vous invite donc à faire tout de suite opposition, puis à porter plainte auprès de nos services. Nous nous chargeons du reste. Bonne soirée, Mademoiselle.

J'attends que Kaïs nous rejoigne puis je réorganise notre surveillance.

– Jean-Marc, tu vas retrouver Xavier à la voiture. Kaïs, tu te caches plus bas à côté du fast-food, et Yann, tu viens avec moi, rue du Sommerard.

Le temps passe. Tout en restant concentré sur l'objectif, Yann me parle de sa nouvelle vie à Angers.

– C'est vrai que ça me fait de la route pour venir bosser. Mais on a tellement gagné en qualité de vie que je ne reviendrais habiter à Paris pour rien au monde ! On a une jolie maison en pierre de taille en bordure de la Maine, un superbe jardin. C'est vraiment le pied...

Mon téléphone sonne.

– Regarde le mec près du kiosque, me souffle Kaïs. Je ne sais pas ce que tu en penses, mais je le sens bien.

Brun, teint mat, le gars descend le boulevard Saint-Michel, les mains dans les poches. L'air faussement naturel, il s'arrête à la hauteur d'un deux-roues, ouvre le top-case et s'affère à désactiver le transmetteur. La manip' faite, il referme le coffre et s'en va.

– On attend, indiqué-je à Kaïs. Il est fort probable qu'un de ses acolytes vienne pour finir le boulot.

Je n'ai pas terminé ma phrase qu'un gringalet se présente devant le Dab.

– Les gars, on le laisse récupérer la carte bancaire et le faux clavier, et on le chope.

Il sort un sachet plastique de sa poche, le déplie, décolle le cache fixé sur le clavier par un scotch double face et le glisse dans le sachet. Il tire ensuite une petite ficelle et la carte bancaire apparaît. Nous pourrions attendre qu'il rejoigne son complice pour procéder à l'interpellation, mais en voulant être plus royalistes que le roi nous risquerions de le perdre... Je donne l'assaut. En quinze secondes, Kaïs a intercepté l'escroc. Il baragouine quelques mots. Du roumain, je présume. Yann extrait le faux clavier du sac en plastique. Un montage ultra-sophistiqué. « Mains contre le mur, jambes écartées », ordonné-je au suspect. Je lui bloque le pied droit avec mon pied droit pour le mettre en déséquilibre, puis procède à une palpation de sécurité afin de m'assurer qu'il ne détient aucun objet dangereux. Je fouille ses poches. Et voici la carte de la demoiselle !

Grâce à une enquête approfondie, la PJ réussira finalement à démanteler tout un réseau.

Sens interdit

20 décembre 2010. À quelques jours de Noël, le Quartier latin brille de mille feux. Rue de Buci, toutes les vitrines sont ornées de boules colorées, de guirlandes électriques et de neige artificielle. Derrière le pare-brise embué de notre Ford Focus blanche, j'admire ce merveilleux spectacle avec les yeux brillants d'un gourmand devant la vitrine d'une pâtisserie. Les souvenirs refont brutalement surface. L'odeur de la dinde que ma mère nous cuisinait autrefois les soirs de réveillon. La crèche vivante qui animait la messe de minuit dans ma ville natale de Bruay-en-Artois. Les clameurs de mes enfants sur le point d'ouvrir leurs cadeaux au pied du sapin. Le superbe carrousel rouge et vert que m'offrit mon ex-femme en 2000. Absorbé comme je le suis, je n'aurais sûrement pas pris garde aux sept ou huit étudiants éméchés divaguant au milieu de la chaussée si Kaïs ne m'avait pas tapé sur l'épaule. « T'as vu ces crétins qui vocifèrent et gloussent comme des dindons ? Je ne sais pas pourquoi, mais je sens qu'ils vont faire une connerie. »

Kaïs est un bon renifleur. Son instinct le trompe rarement. Je fixe mon regard sur eux. À l'angle de la rue Mazarine, deux mecs se détachent du groupe pour aller arracher les branches de sapins et les feuilles de houx qu'un commerçant a soigneusement accrochées sur la devanture de son échoppe. Même si ça me démange, je ne bouge pas. À quoi bon, de toute façon : si je les appréhendais maintenant, ils ne seraient passibles que d'un rappel à la loi. C'est tout. Alors j'attends. Au cas où ils iraient plus loin. Les bouteilles de Desperados continuent de circuler. Peu à peu, les esprits commencent à s'échauffer. Une insulte fuse. Deux. Les jeunes disparaissent dans la rue Dauphine sur la gauche. On les suit. Deux ont déjà grimpé sur le toit d'une Polo gris métallisé et s'apprêtent à sauter sur le capot de la bagnole rangée juste devant. Les autres marchent à reculons sur le trottoir pour admirer leurs exploits. Soudain, ils s'approchent d'une boutique de prêt-à-porter joliment décorée. On ne les a plus en visuel. Ils sont cachés par une camionnette de déménagement. Je descends de voiture pour mieux voir et je n'ai pas fait un mètre qu'un bruit assourdissant de verre brisé résonne dans toute la rue. Je me précipite. Les branquignols ont projeté un pavé dans la vitrine avant de prendre la fuite. Mon coéquipier me récupère, accélère et réussit à rattraper les deux derniers de la bande. Pendant que je les serre, il gare la Focus et se lance à grandes enjambées à la poursuite du reste du peloton. En moins de cinquante mètres, en voilà deux autres de pris. Pour éviter qu'ils s'enfuient, Kaïs prend la précaution de les menotter main droite, main gauche, c'est-à-dire face à face, épaule contre épaule, à l'anneau de fixation central d'un panneau sens interdit. Puis il reprend son marathon vers les quais de Seine. J'esquisse un sourire. Pour un sportif du dimanche, il a quand même une sacrée niaque, ce Kaïs. J'attrape la radio. « TN 06 de Bac 06. Vous m'envoyez un car pour un transport et un véhicule léger en soutien pour des individus en fuite, rue Dauphine. »

En attendant, je retourne au magasin vandalisé pour dresser un premier état des lieux avant les constatations. Téléphone. Mon collègue n'a réussi à coincer personne d'autre. Il va donc récupérer les deux loustics qu'il a pincés au panneau un peu plus loin et me rejoint devant la vitrine. Un deux-tons retentit au coin de la rue. Le car de police-secours. Mon portable sonne à nouveau. À l'autre bout du fil, Kaïs semble très ennuyé. « Viens vite, j'ai un problème ! » Inquiet, j'accours. Stupeur. Un trou béant remplace le panneau sens interdit. Les suspects ont réussi à l'arracher et sont partis avec. « Ils ne doivent pas être bien loin ! » le rassuré-je. À quelques mètres, sur le trottoir, on retrouve le panneau et l'anneau arrachés. Mais les deux suspects se sont volatilisés, avec les bracelets.

Ce que j'ignore alors, c'est que cette intervention des plus banales sera la dernière de ma carrière. Une vieille blessure de 1992 va bientôt se réveiller et m'inciter à raccrocher. Les stigmates du travail de nuit ont fini par avoir raison de moi. Après toutes ces années, il est temps d'entamer mon sevrage. Tourner la page et passer à autre chose. Commencer ma seconde vie, loin de mes chers collègues et de l'institution.

Postface

Quel plaisir de parcourir cet ouvrage dont le langage m'a rappelé tant de souvenirs ! Daniel Bourdon et Élodie Chermann nous ont livré ici un morceau d'histoire que peu de gens connaissent mais qui mérite d'être découvert. À travers le quotidien des policiers, ils nous ont raconté en filigrane l'évolution des mœurs et des individus. Ce voyage captivant au sein de la vie nocturne parisienne, avec ses drames et ses situations croustillantes, a été l'occasion surtout de nous faire découvrir le jargon policier qui s'est, au fil des années, enrichi du savoir des anciens et qui a fini par devenir un véritable code. Ce jargon n'est pas seulement un effet oratoire, mais il concentre en un mot ou deux toute une technique, une conduite à tenir qui se passe de longs discours. Le temps de réaction face à un événement soudain implique rapidité et efficacité. C'est l'exigence du flag'. Entendez par là l'intervention lorsque les faits se commettent et que les délinquants sont pris la main dans le sac. Ce langage réduit à de simples expressions est néanmoins étendu. En le mettant à la portée des lecteurs, les auteurs nous ont fait vivre, de l'intérieur, les techniques utilisées par les policiers. Ils nous ont révélé surtout qu'une affaire simple en apparence n'est jamais traitée à la légère. Appréhender un voleur à la roulotte exige autant de savoir-faire que procéder à l'arrestation d'un cambrioleur, bien que la peine encourue ne soit pas la même.

Évidemment, la Bac jouant un rôle essentiellement répressif, on oublie souvent les qualités qu'elle requiert. Si la majorité des citoyens apprécient que des policiers soient présents sur le terrain pour faire échec à toutes formes de délinquance, elle reste néanmoins silencieuse ou peu s'en faut. Il s'élève aussi des voix, bruyantes celles-là, qui stigmatisent la relation que ces brigades peuvent avoir avec les jeunes dits « de banlieue », parce que dans toutes les interventions, même si on prend des précautions pour éviter tout débordement, on ne peut jamais exclure que la violence explose à un moment.

J'ai lu récemment un article de presse dans lequel l'auteur, qui avait accompagné des policiers à de brefs intervalles, pointait du doigt l'activité de certaines Bac en région parisienne. S'il a été choqué par les méthodes employées, il n'en a vu que l'apparence puisqu'il n'a pas poussé l'expérience au point de vivre le quotidien des brigades sur plusieurs mois. Diffuser un tel article dans un quotidien national, c'est faire de l'exception une généralité, ce qui est éminemment réducteur.

Je regrette qu'un certain nombre d'intellectuels, au nom d'un travail « scientifique », n'expriment, en fait, que leur propre sentiment sur ce qu'ils considèrent comme des comportements policiers déviants. S'ils existent, ils ne constituent pas une généralité et je déplore que ces travaux soient présentés comme tels. Je crois savoir qu'une étude scientifique s'appuie sur une longue période d'expérimentations, de constatations et de doute. J'aurais souhaité que ce fût aussi le cas dans cette étude qui se voulait sociologique.

J'ai, pour ma part, créé un cours de sociologie policière à l'Université Paris-VIII et j'ai eu beau utiliser, pour ce faire, plus de trente années d'expérience, je suis sûr de ne pas avoir atteint une certitude « scientifique ». Alors que dire d'une immersion de quelques jours, voire quelques semaines ?

Il est toujours très aisé de critiquer des hommes et des femmes, au travers d'un commentaire de journal télévisé ou d'un article de presse. Encore faut-il garder à l'esprit que chaque intervention est unique en soi et appelle cependant une réaction immédiate, dont seule l'expérience est le moteur. Rappelons-le : une Bac, et son chef en tête, agit souvent sans filet. Si elle commet une erreur, il ne se trouvera bien souvent aucune âme compatissante dans la hiérarchie pour « prendre les patins de cette équipe ». Que celui qui « s'est planté » paie. Est-ce un bien ou un mal ? À chacun de répondre en son âme et conscience. Pour ma part, lorsqu'il s'agissait d'une faute excusable dans l'exercice de la mission, j'ai toujours estimé que je devais être aux côtés de mes hommes. J'assumais mes actes et mes responsabilités de chef de service, sans chercher à savoir si j'allais plaire ou déplaire. Ce qui ne voulait pas dire qu'aucune sanction n'était prononcée, loin de là. Mais au moins avais-je rempli le rôle d'avocat. Il y a un principe qu'il ne faut pas perdre de vue : l'intérêt sacrifié doit toujours être très inférieur à l'intérêt préservé. Dès lors que la mission de police s'exerce dans ce but, elle ne sort pas du chemin que la loi lui demande de suivre.

Un vieil adage dit : « La nuit, tous les chats sont gris. » Rien n'est plus vrai dans la mesure où vous ne savez jamais à qui vous allez être confronté, ni quelles vont être ses réactions. Alors la prudence exige que toutes précautions soient prises, même si, d'une manière péjorative, d'aucuns évoquent une action « à la cow-boy ». Cela prouve seulement que les auteurs de cette critique ne connaissent pas le travail d'une Bac.

Le trait essentiel d'une intervention de police est d'agir avec prudence et discernement, ce qui préserve autant le policier que la personne interpellée. Deux ou trois individus ayant une attitude suspecte dans une voiture n'incitent pas à la désinvolture lorsque l'on doit les contrôler. Plusieurs policiers, trop, beaucoup trop, ont payé leur négligence de leur vie. Je n'oublie pas non plus les victimes « civiles » qui, faute d'une intervention ferme et non ambiguë, ont payé aussi leur tribut à la société. Alors autant se donner les moyens d'intervenir en toute sécurité, même si cela peut choquer certains esprits bien-pensants. Un excès de précautions ne nuit pas lorsque l'on se donne les moyens d'intervenir en préservant l'intégrité physique des individus. À l'inverse, agir de manière irréfléchie peut déboucher sur un drame. Les multiples arrestations réalisées par les Bac, chaque jour, sans incident, sont une réponse à leurs détracteurs.

Pour moi, ces unités ont toujours été un vrai « plus » dans l'action policière de terrain. Même si je n'ai jamais travaillé dans une Bac lorsque j'étais gardien de la paix, tout simplement parce que l'institution n'était pas encore née, j'ai cependant connu les vicissitudes d'un service semi-nocturne. Lorsque je commandais une division de police judiciaire à Paris, quel qu'en fût le secteur, j'ai souvent fait appel aux services de la Bac locale, en accord avec leur chef de service, qu'il fût d'arrondissement ou de district, pour leur désigner des objectifs à surveiller ou à contrôler. Et je dois dire que je m'en suis toujours félicité, car les policiers auxquels j'avais affaire étaient, à mes yeux, aussi compétents que ceux placés sous mes ordres pour « battre le terrain » et prolonger, de nuit, l'action que nous devions parfois interrompre en soirée. Je leur ai fait confiance et ils me l'ont bien rendu. Il m'est souvent arrivé aussi de prendre en compte leurs arrestations car ils levaient fréquemment des lièvres très intéressants pour les missions dont j'étais chargé.

Les Bac ne pourraient atteindre de tels résultats sans un recrutement strict et minutieux. En d'autres termes, n'entre pas dans une Bac qui veut. Certes, le policier doit avoir la capacité physique de s'opposer à un délinquant, mais ce n'est pas l'aspect prépondérant. Il faut, avant toute chose, être réellement motivé pour effectuer un travail difficile, voire ingrat. Il faut accepter de travailler en horaires décalés en soirée et la nuit, mettre sa vie de famille entre parenthèses et savoir que la mission présente beaucoup plus de risques qu'un travail en service général. Intégrer la notion de risque est essentiel au mental d'un flic, sans pour autant qu'il soit inhibé par elle. Un « baqueux » doit savoir garder son sang-froid en toutes circonstances et analyser un événement avec discernement, dans un temps très court, pour prendre la bonne décision. Doté d'un solide bon sens, il doit aussi faire preuve d'une grande faculté d'adaptation tant vis-à-vis de ses collègues que du type de mission à remplir. Les qualités psychologiques l'emportent largement sur le physique. C'est d'ailleurs un critère de sélection primordial pour toutes les unités opérationnelles de la police et de la gendarmerie. Les Bac n'y échappent pas. Dans la composition d'une Bac, le chef d'unité doit, en plus, avoir le souci de maintenir l'esprit de groupe. Un groupe soudé et homogène est une garantie d'efficacité non seulement au regard de la lutte contre la délinquance, mais aussi pour la qualité de la mission accomplie. À ce titre, j'estime que le chef d'une Bac doit avoir une possibilité de cooptation, car il connaît l'ensemble de son équipe et doit pouvoir y adjoindre un élément nouveau, sans mettre en péril l'harmonie du groupe. Le travail d'équipe exige une grande confiance réciproque entre les individus, sur laquelle repose la sécurité de tous. Les instructions ne doivent jamais laisser la place au doute et à l'imprécision. Un mauvais choix expose tout le groupe à des risques d'incident, voire plus. Raison pour laquelle il ne peut y avoir que des policiers expérimentés et solides dans ce genre d'unité.

Il me vient en mémoire la parole d'un de mes chefs de section lorsque je servais dans les commandos de l'air, qui s'adressait à chacun d'entre nous : « Ne cherche pas à te distinguer. Tu dois penser au groupe et le groupe pense pour toi. C'est une question de survie. » Même si l'époque a changé, ce conseil reste d'une constante sagesse et doit prévaloir dans chaque équipe de Bac.

Daniel Bourdon, que je connais depuis très longtemps déjà, en a fait sa devise. Et c'est ce que j'apprécie chez lui. En policier expérimenté et aguerri qu'il est, il fait confiance à ses hommes et ils le lui rendent bien. Dans ce guide précieux, il nous a ouvert son armoire à souvenirs avec simplicité, sans vouloir mettre en avant sa qualité de chef. Point n'a été besoin qu'il le dise. Il a été reconnu comme tel. C'est le secret du commandement. Tout au long de cet ouvrage, il a démontré sa passion pour le flag', passion qui l'anime depuis plus de vingt ans. Sans cette flamme, il serait probablement devenu officier de police judiciaire mais aurait alors passé plus de temps au bureau à établir des procédures que sur la voie publique. Il ne l'a pas voulu. Pour conserver sa liberté d'action au service du citoyen, il a préféré se consacrer au travail de terrain. Ce qui me permet de dire que le « sirop de la rue » lui est indispensable. Il ne s'est même pas posé la question de rechercher un intérêt de carrière qui, j'en suis convaincu, l'aurait mené plus haut dans la hiérarchie. Si, lorsque j'étais encore en activité, Daniel avait demandé à rejoindre mon service, je lui aurais ouvert les portes avec la plus entière confiance, certain de sa loyauté à toute épreuve. Mais la carrière, au détriment de sa passion, ne représentait pas son idéal et sa conception du métier de policier. Être un fonctionnaire bon chic bon genre tout à fait transparent ne l'intéressait pas. Son bonheur de travailler ne s'est jamais calculé en points d'indices et je ne peux qu'éprouver du respect pour un tel choix. Cela ne nous a pas empêchés d'évoquer souvent nos affaires, nos interventions, nos difficultés mais aussi nos satisfactions. Peu importaient nos grades, puisque nous étions animés des mêmes convictions, du même engagement, et partagions la même conception du flag'.

Les époques changent, bien sûr, les hommes aussi. Ce que j'ai connu, il y a bien des années, ne se compare pas à ce qui se fait aujourd'hui. Mais, en réalité, seule la carapace du chasseur a vraiment évolué. En cheminant tout au long du livre, j'ai constaté avec plaisir que l'instinct et la passion qui animaient les policiers de terrain restaient les mêmes. Je suis heureux que des hommes comme Daniel Bourdon aient recueilli l'héritage de leurs anciens et transmis leur flamme avec enthousiasme et conviction.

Philippe Venere

Ancien commissaire divisionnaire,
décoré à plusieurs reprises
pour actes de courage et de dévouement.

Table

RÉALISATION : NORD COMPO À VILLENEUVE-D'ASCQ
IMPRESSION : NORMANDIE ROTO IMPRESSION S.A.S. À LONRAI
DÉPÔT LÉGAL : MAI 2012. N° 105158 (121520)
IMPRIMÉ EN FRANCE